SIEGFRIED

Jean Giraudoux

SIEGFRIED

Edited with Introduction and Notes
by
GERALD V. BANKS, Ph.D.
Lecturer in French, University of Birmingham

GEORGE G. HARRAP & CO. LTD
London · Toronto · Wellington · Sydney

First published in Great Britain 1967
by George G. Harrap & Co. Ltd
182 High Holborn, London W.C.1

First published in the French language 1928
by Bernard Grasset, Paris

Composed in Monotype Bembo type and printed at
The Alden Press, Oxford
Made in Great Britain

CONTENTS

ACKNOWLEDGMENTS

So many people have been of assistance in the preparation of this edition that it would be impossible to name them all, but mention must be made here of my indebtedness to Dr. V. P. Underwood for his skilful, patient, and always stimulating guidance. Thanks are also due to Dr. Dorothy Knowles for her untiring efforts in tracking down the photographs of the 1928 Jouvet production, and to Archives Lipnitzki and the Bibliothèque de l'Arsenal (Collection Rondel) for granting permission to reproduce them. The portrait of Giraudoux is taken from *Giraudoux par lui-même* by Chris Marker, and reproduced by kind permission of Editions du Seuil.

G.V.B.

INTRODUCTION

Siegfried was produced for the first time on May 3rd 1928, at the Comédie des Champs-Élysées in Paris. It was an immediate success and ran for two hundred and thirty-six performances.

Giraudoux completed *Siegfried*, his first play, at the age of forty-six, and in the event, only some sixteen years before his death in January 1944; thus all Giraudoux's plays—eleven full-length and four one-act plays—were written during the last quarter of his life, a fact of some importance when we come to consider the mood and content of his drama.

Throughout the whole of his career as a dramatist, Giraudoux was fortunate enough to work in collaboration with the great French actor-director Louis Jouvet. It was Jouvet who directed the first production of *Siegfried* in 1928, he himself playing the part of the Général de Fontgeloy; with the exception of *Judith*, 1931, *Sodome et Gomorrhe*, 1943, when Jouvet was in South America, and *Pour Lucrèce*, Giraudoux's last play produced for the first time by Jean-Louis Barrault in 1953, Jouvet directed and acted in the original production of all Giraudoux's plays.

Giraudoux first met Jouvet in Paris in 1926. By this time the writer had already started preliminary work upon his play; in 1924 he published the first scene of an adaptation for the theatre of his *Siegfried et le Limousin*, the novel from which *Siegfried* developed. It was, however, only in 1927, shortly after his meeting with Jouvet, that Giraudoux began to work seriously on his play. The enormous number of rough drafts, variants and even whole acts which were finally omitted bear adequate witness to a laborious theatrical apprenticeship. Even after *Siegfried* went into rehearsal the final version had by no means been decided upon; Giraudoux attended rehearsals frequently—a habit which he continued throughout his career—working with Jouvet in order to achieve an effect which would satisfy actor and producer whilst remaining true to the dramatist's intentions.

For Giraudoux the theatre was a completely new venture; the short

7

stories, half-dozen novels and collection of war chronicles which he had produced since he began writing in 1909 gave no indication of the future dramatist, for characterization, plot and dialogue are singularly lacking in the writer's early work. Yet if, stylistically, *Siegfried* revealed an entirely new aspect of Giraudoux's genius, the themes and pre-occupations of the play are all already to be found in his previous writing. It is to this earlier work and to the experience which gave rise to it that we must look for the sources of *Siegfried*.

In Giraudoux's war chronicles *Lectures pour une Ombre, Amica America* and *Adorable Clio*, all written during the First World War, and in the novels *Suzanne et le Pacifique, Siegfried et le Limousin* and *Bella*, written in the years between the end of the war and the first production of *Siegfried*, we find the germs and sometimes even the closely parallel expression of everything that goes to make up *Siegfried*. Yet neither singly nor combined do these earlier works achieve the impact or the significance of the play. The great originality of the latter lies in the way in which Giraudoux, correlating and harmonizing the multiple aspects of his earlier experience and work, achieves an artistic whole which contains everything which has gone before it and, by reason of its unity and synthesis of hitherto unrelated themes, surpasses it.

The three fundamental themes which Giraudoux merges in his *Siegfried* are the themes of war and peace, of Franco-German relations and of the power of love between man and woman. On all three counts the final version of *Siegfried* expresses the fulfilment of an optimistic ideal; to trace the development in mood and content of Giraudoux's later plays is to witness the dramatist's gradual move from optimism to disenchantment and despair at the crumbling of this ideal. But even the later plays may only be fully understood when we take into account the profound and lasting formative influence that the experiences which led to the creation of *Siegfried* had upon Jean Giraudoux.

SIEGFRIED ET LE LIMOUSIN

Siegfried is a dramatization of Giraudoux's novel *Siegfried et le Limousin*, published in 1922. The situation is basically the same in the novel as in the play. The French writer Jacques Forestier, amnesic since being wounded in action in the First World War, has been nursed back to health in Germany, unaware of his true identity, and has become the German councillor, Siegfried. The outcome of both works is also the same; when his true identity and past are revealed to him, Siegfried chooses to renounce political power in Germany and to return to his native Limousin as Jacques Forestier. The two works have also an important common intention for *Siegfried et le Limousin*, treating Franco-German relations both on a national and an individual level, is, like *Siegfried*, a work of reconciliation, attempting in its way to put an end to the long history of hostility between the two nations. It marks the appearance in Giraudoux's work of an international ideal.

However, Geneviève, the heroine of the play and principal motivating force in Siegfried's return to France and his former identity, plays only an insignificant and minor role in the novel. The love intrigue, so important in *Siegfried*, both for the ideal of human love it proposes and as a symbol of the marriage of France to the embodiment of the German ideal, is, in fact, completely lacking in the novel. Siegfried himself, notwithstanding the title of the work, can scarcely be called its hero.

For the real heroes of *Siegfried et le Limousin* are the German Zelten, still important though less so in *Siegfried*, and the French narrator, Jean, who becomes the philologist Robineau in the play, and a far more minor, though still very significant character. It is by means of his portrayal of the friendship between these two men, the reasons for it, its pre-war roots and its post-war renaissance, that Giraudoux gives to *Siegfried et le Limousin* the same spirit of warmth and mood of reconciliation and union which his portrayal of the love of Siegfried and Geneviève gives to the later play.

If in *Siegfried* the emphasis throughout is on Siegfried's return to France, in *Siegfried et le Limousin* it is on Jean's return to Munich. Act I, Scene 6 of the play, the delightfully moving and comic reunion of Zelten and Robineau after the First World War in which they have fought on opposite sides, is testimony enough of the manner in which Giraudoux has transposed an episode of major importance in his novel into a scene which, whilst less essential to the new main intrigue of the play, the Siegfried-Geneviève love story, nevertheless plays its part in a minor key in contributing to the overall mood and argument.

In the novel, however, it is by means of this friendship that Giraudoux portrays both the Germany of his ideal and his belief in the possibility of future peace between France and Germany.

The picture of Germany which Giraudoux presents in *Siegfried et le Limousin* is neither an objective nor a comprehensive one, nor does he attempt to make it so. In setting much of the action of the novel in Munich Giraudoux bases his image of Germany upon a part of the country which he knows well. The many descriptions of the atmosphere, way of life and personalities of Munich are strongly evocative of Giraudoux's life in this city in 1905, when after completing his *licence* in German and before returning to France to complete his *diplôme d' études supérieures*, Giraudoux, as a result of winning a French government scholarship, was able to spend a year there. His stay in Munich was a happy one. Tutor to the Prince of Saxe-Meiningen, Munich correspondent of *Le Figaro*, and tutor also to Paul Morand with whom he began a long friendship, Giraudoux took full advantage of his new-found freedom in this lively, cultured city.

It is through Jean, the narrator, that Giraudoux is able to recall the Munich of pre-war days, and the circumstances in which his own admiration and affection for southern Germany were nurtured. And it is through Jean's description of Germany that Giraudoux seeks to persuade the post-war French reader that the civilized, peace-loving and francophile atmosphere which he found there in 1905 still reflects the true spirit of the German people. The novel is thus in some ways an exercise in persuasion. Its narrative technique is based upon reminiscence. Jean's account of the present mingles continually with and is sometimes indistinguishable from his recollections of the past; every meeting is a reunion, every encounter a re-encounter; every garden, every building, every monument evokes the past happiness of pre-war days. It is a technique whereby Giraudoux's indulgence in fantasy, humour and anecdote is given its head and which gives to the novel an apparently jerky and haphazard quality; yet it is carefully and subtly constructed, achieving its ends by the cumulative effect of episodes and descriptions all directed towards the portrayal of a Frenchman still able to find pleasure and delight in a German environment, and towards the argument that France and Germany, despite a long history of conflict and the inevitable bitterness present in both countries in the years following the First World War, are still capable of peaceful relations.

Because of his pro-German sentiments in the years following the First World War, and because of his expressed belief that a further Franco-German conflict could be and would be avoided, it is common to accuse Giraudoux of political naïveté. But it is mistaken to do so. It is equally common, and equally mistaken, because of his German sympathies, to see him as a political reactionary. A careful reading of *Siegfried et le Limousin*, and for that matter of *Siegfried*, makes it clear that Giraudoux's education, first-hand knowledge of Germany and experience in Government service since 1909 combined to make him acutely aware of the political situation in Europe in the years immediately following the war, and of the extremely divergent political and ideological tendencies present in Germany in these years. It is clear also that his affection and admiration for Germany are directed towards those elements within her which deny the violent, the nationalist and the barbaric, and which foster the spirit proclaimed by Zelten in *Siegfried et le Limousin*: "Je persiste à croire que les vrais Allemands sont avec la paix, l'amour des arts et la fraternité."

Thus already in *Siegfried et le Limousin* we find the generalized and extreme portrait of two greatly contrasting Germanies, one which contains every characteristic of the Germany of Giraudoux's ideal, the other every characteristic which he sees as a threat to peace.

Zelten is the embodiment of Giraudoux's German ideal; a fantastical, idealized figure, he is the amalgamation of all that Giraudoux believes to be best in German civilization. Peace-loving, cultured, believing at one and the same time in the independence and autonomy of small states and principalities and in the fostering of international understanding through cultural interchange, he is, as it were, on one level too good to be true, and yet, if taken as a symbol, does represent the aspirations and ideals of a very large number of men of goodwill. Like Giraudoux himself, because of the writer's education and the circumstances of his stay in Germany, he is steeped in the traditions of the Romantic era; concerned for his country, patriotic yet refusing the bureaucratic or the party machine as a means of government, he seeks his inspiration in the writers and musicians produced by his country, and in her natural beauty. In short a personification of the Romantic ideal.

To this idealized portrait, tinged with nostalgia, Giraudoux contrasts the harsher and more imminent reality of the modern and more politically powerful German machine-state. He sees the real spirit of Germany being destroyed by the aggressive militarism and nationalism of the Germany of the post-Bismarck era, a country united under the leadership of Prussia and dominated by the stronger northern states.

This contrast is found expressed in *Siegfried et le Limousin* in the words of Jean: "Zelten avait tous ces défauts superbes et voyants dont on ornait chez nous les Allemands jusqu'en 1870 et qu'il va bien falloir trouver un autre peuple pour porter s'ils s'entêtent à vouloir être chauves, rapaces et pratiques" ... words repeated by Robineau in *Siegfried*, except that the Prussian element is here accused of wanting "à brûler nos villes et à se raser le crâne".

Siegfried's amnesia is symbolic of a Europe which, due to the war, has lost all contact with its past identity. It is able to see itself only in terms of the hard and bitter present, a present which threatens to lead the way to increased hatred and renewed conflict. Thus it is that Jean and Zelten, the voices of Franco-German friendship and representative of all that is best in both countries, seek to destroy the present image of the two countries and to reimpose upon them an image from the past, nearer they believe to their true spirit, and through which peace and friendship may be preserved. They do so by destroying the myth of Siegfried as the model German statesman, head of a centralized political bureaucracy, the direct descendant and instrument of Prussian militarist nationalism. They reintroduce him to his own past, to his own real nature, identity and personality.

The novel, which was awarded the Prix Balzac on its appearance in 1922, obviously does not reflect subsequent events in twentieth-century Europe; but it reflected closely the hopes and aspirations of a generation weary from its participation in the war to end all wars.

GOVERNMENT SERVICE 1920–1924

In many ways *Siegfried et le Limousin* may be seen as the literary expression of Giraudoux's activities as a civil servant in the years immediately following the First World War. From 1910 until the outbreak of war in 1914 Giraudoux had been attached, in a fairly minor capacity, to the French foreign service. When, after demobilization and a prolonged spell of convalescence necessitated by war wounds, Giraudoux returned to government service in 1920, he was appointed to the Service des Œuvres Françaises à l'Étranger, a cultural branch of the foreign service concerned with the propagation of French literature abroad and the interchange of writers, lecturers and cultural delegations. By 1922 he had risen to be head of this service and was to remain in this position until 1924. Clearly the post was to Giraudoux's liking, coinciding as it did with his own literary aspirations. Giraudoux's stay in the S.O.F.E. coincided with a struggle for power in France between the two statesmen Aristide Briand and Raymond Poincaré, a struggle which reflected not only a personal animosity but a deep division of opinion concerning the policy which France should adopt towards Germany in the years following the Peace of Versailles in 1919.

Inevitably Franco-German relations played a preponderant role in the political and economic life of Europe. From 1920 until 1923 the economic situation was precarious, the political situation unstable and a prey to the demands of extremist ideologies and actions. There followed, between 1924 and 1928, a period of relative euphoria when a marked economic recovery was accompanied by a more peaceful and conciliatory mood in international relations. It was above all the clauses of the Peace of Versailles, drawn up with the intention of keeping Germany politically and economically weak, and which stipulated that she must pay very large war indemnities to France over a number of years, that weighed heavily upon relations between the two countries in the decade after the war. By insisting that Germany respect these clauses of the treaty the French government sought both to obtain the finances necessary for a reconstruction of her own territories devastated by the war and to safeguard herself against future German aggression. Between 1920 and 1923 this policy was supported by the French political parties of the extreme right wing and by a radical parliamentary group led by Raymond Poincaré, the Lorraine nationalist. It was opposed, however, by the more liberal elements within French politics; this opposition was led by Aristide Briand, a statesman who, although supporting the policy laid down by the Peace of Versailles until the spring of 1921, had always held that politics was the art of "aplanir les différends", and who, in a speech at Saint-Nazaire in October 1921, made it clear that he believed that the only means of achieving long-term peace was to adopt a conciliatory attitude towards Germany in the hope of bringing about a change in the German mentality. France should try to "canaliser vers la paix" by showing that collaboration between the two countries was possible and would bear fruit.

The cross-currents within French political life found their parallel in Germany. At the Weimar Constitution in 1919 Germany had become a republic and instituted an electoral regime. A democratic coalition government was formed, but it was one which had to contend with and frequently to compromise with the various extreme factions within the regime. The theoretically liberal democracy, having no deep roots in public opinion, was threatened both by communism on the left and by the groupings on the right sympathetic to Italian fascism and the anti-parliamentary regime for which it stood.

In January 1922 the British government undertook to give military support to France in the case of German aggression, provided that the French government was prepared to submit the question of German reparations to an international committee. Briand, aware of the acrimony caused by the reparation clauses, and in keeping with the conciliatory policy which he had already suggested late in 1921, was prepared to negotiate on this basis. But Millerand, President of the Republic, and the majority of French ministers refused to support this policy, a refusal which led to Briand's resignation. Poincaré became President of the Council and announced that if Germany did not pay the reparation in full she must be constrained to hand over the mines of the Ruhr to her creditors. In January 1923 Poincaré ordered the occupation of the Ruhr. After eight months Germany capitulated and agreed to fulfil her obligations. The French government then adopted the policy of submitting the question of reparations to an international committee, a policy suggested and refused before the occupation of the Ruhr. In the French elections of May 1924, the French electorate, weary of war and the acrimony which followed it, voted against a repressive policy towards Germany and Briand once more became President of the Council. For the next five years the tension apparently decreased.

Gustav Stresemann, the German Foreign Minister of this period, and a subtle exponent of political realism, saw that it was to the advantage of Germany in two ways to pursue this policy of conciliation. To agree to fulfil her reparation and her disarmament obligations, and thus to renounce any idea of a war of revenge, enabled Germany to win the trust of foreign investors, particularly American investors, and Germany, crippled economically, depended upon foreign capital for her recovery. Politically, it gave Germany entry into the League of Nations and a means of obtaining a gradual revision of the territorial clauses of the Peace of Versailles. Thus at the Treaty of Locarno, on

October 16th 1925, a treaty guaranteed by Britain and Italy, Germany agreed to recognize the frontiers in the west established in 1919. France, Belgium and Germany agreed not to invade or attack one another and never to have recourse to war, unless military action be sanctioned by the League of Nations. Neither idealism nor a love of peace but the political and economic interests of Germany motivated Stresemann in his actions; it was for him the best means available of restoring Germany to a position of strength and, as he remarked to the ex-Crown Prince of Prussia in a letter written in 1925, Germany was in no position to behave in any other way. However, whatever the motivation in pursuing conciliatory policies, the wrath of the German nationalists fell upon the government, and throughout the 1920s, whilst the official policy remained conciliatory, the voice of German nationalism grew stronger progressively within the country.

Post-war Munich had little in common with the Munich of Giraudoux's ideal. It was in this city, from 1919 onwards, that there arose from tiny beginnings the vicious and hate-ridden cries for a militarily strong Germany to carry out a policy of vengeance and retribution for the defeat and humiliation of the First World War, and to rid Germany and Europe of both Marxism and democracy. It was here, immediately after the war, that Hitler began the movement which led to his advent to power at the head of the National Socialist party in 1933. It is to be notedt hat Giraudoux, having set *Siegfried et le Limousin* in Munich, moves the scene of his play, *Siegfried*, to Gotha, a move which indicates without doubt, as does the whole argument of the play with its denunciation of power politics and of the cult of the nationalist hero-figure, his desire to dissociate himself from the new image of Munich.

By 1928 National Socialism had the support of nearly one million of the German electorate. In the elections of September 1930 it received just under six and a half million votes, and was powerfully represented in the German parliament. Meanwhile the German government, still under the guidance of Gustav Stresemann, continued to seek revision of the territorial settlement of the Peace of Versailles, and even after the Foreign Minister's death in 1929, his policy was vigorously pursued.

The American financial crisis of 1929, leading to a withdrawal of American capital from Europe and an inevitable economic crisis, provided social and economic conditions entirely suitable to be harnessed to the passions, prejudices and ambitions which the National

Socialist movement had aroused in the German population since the end of the First World War, and precipitated the rise to power of the dictator Hitler, who swept away the already crumbling German democratic regime. By 1930, the attempt at Franco-German reconciliation, taken in good faith by some, used and exploited by others, had been given the lie.[1]

Until the resignation of Briand and the formation of the Poincaré administration in 1922, Giraudoux's approach to his duties in the Service des Œuvres Françaises à l'Étranger was well in keeping with French government policy. For as his education and knowledge of the country had taught him that there was much to be respected and admired in Germany, as he had fought in and been twice wounded during the war and welcomed the return of peace, and as he was naturally of a generous instinct, he obviously represented that section of his generation who supported the spirit which Briand sought to introduce into Franco-German relations. Giraudoux was never predominantly a political animal, and we may say that *Siegfried et le Limousin*, in which considerations of the possibility of cultural ties between France and Germany, and the individual experience of friendship between Frenchmen and Germans far outweigh the directly political intentions of the novel, is fair enough indication of the proportionate importance which Giraudoux gave to the different levels of international relations. On the other hand, in the light of the political situation broadly outlined above, and of which Giraudoux was fully aware, *Siegfried et le Limousin* committed Giraudoux unequivocally to the policy of Briand and illustrated no less clearly his opposition to the spirit of a policy such as Poincaré was to adopt in 1923.

Thus during Poincaré's two years in office Giraudoux and the S.O.F.E., which under his direction was devoting a large amount of time to the fostering of Franco-German cultural relations, came under heavy fire. The writer, a protégé of Poincaré's adversaries Aristide Briand and Phillipe Berthelot ever since he first entered government service in 1909, was no more fond of Poincaré personally than he was of the policy which he personified. As late as *La Guerre de Troie n'aura pas lieu*, 1935, there are, in the portrait of the warmongering and demogo-

---

[1] For a fuller account see P. RENOUVIN: *Histoire des Relations internationales*, Vol. VII, Librairie Hachette, 1957 and M. BAUMONT: *La Faillite de la Paix* (1918–1939), Presses Universitaires de France, 1951.

gic Demokos and in Hector's famous discourse to the dead, strong echoes of Giraudoux's dislike of the vindictive and aggressive Poincaré, who was so fond of unveiling monuments in memory of the war dead.

In 1924, shortly before the elections in which his government was to fall, Poincaré dismissed Giraudoux from his post in the S.O.F.E., took charge of the service himself and had Giraudoux posted to a minor position in the French Embassy in Berlin. With Briand's return to the presidency Giraudoux was soon back in Paris, where in 1924 he became head of the Information and Press service. He left this service in 1926, however, and held no important post in the civil service again until 1939 when he once more became head of the Information and Press service. It is no doubt as much a reference to Poincaré and his repressive and aggressive policies as it is to the increasing threat of German nationalism, when Giraudoux puts into the mouth of Zelten in *Siegfried* the words: "les pays sont comme les fruits, les vers sont à l'intérieur."

BELLA

Giraudoux's direct involvement in the Briand-Poincaré dispute led to the publication of his novel *Bella* in 1926.

Bella is largely a *roman à clef*, for the story of the personal and political hostility between two French families, the Dubardeau and the Rebendart, is a barely disguised account of the rivalry between the Briand and Poincaré factions in post-war French politics. Still stinging from his dismissal at the hands of Poincaré, still firmly convinced of the destructive quality of his policy towards Germany, the writer invests his portrait of Rebendart (alias Poincaré) and his followers with a quality of invective and biting personal satire found nowhere else in his work. In complete contrast, the Dubardeau (alias Briand) family is idealized and presented as possessing all the virtues.

In many respects the argument of *Bella* is similar to that of *Siegfried et le Limousin*, the conciliatory, the pacific and the cultured being proposed as an ideal, the vindictive, nationalist and legalistic being attacked through satire and ridicule; but this time the battlefield has moved to France.

Yet, however important the part played in the novel by the contrasting portraits of Poincaré and Briand, it is not where *Bella* is concerned, nor where *Siegfried* and the development of the whole of

Giraudoux's later work are concerned, the essential element of the novel. For *Bella* is also a tragic love story, a Romeo and Juliet situation in a modern setting.

Bella Rebendart, the heroine of the novel, and Philippe Dubardeau are in love. The linguistic allusions to both war and beauty contained in her name are to be noted, for they symbolize the young woman involved, through family connections, in a political dispute and who, in the name of her beauty and of her love for a member of the enemy family, attempts to unite the two warring factions. Her failure to do so leads to her death. The situation in which Philippe and Bella find themselves, and the heroine's reaction to this situation provide the central preoccupation of almost all Giraudoux's dramatic output. Their love, striving to achieve its fulfilment, and at the same time to influence for the better the quality of life around them, heralds a series of dramatic heroes and heroines whose love is threatened by the external circumstances in which they are inevitably involved. The threat may come from the political, the human or the divine; the outcome is sometimes happy, sometimes tragic. But, however different the background of each play, however widely differing the result of each struggle, Siegfried and Geneviève in *Siegfried*, Amphitryon and Alcmène in *Amphitryon 38*, Judith and Holopherne in *Judith*, Isabelle and the Contrôleur in *Intermezzo*, and Hector and Andromaque in *La Guerre de Troie n'aura pas lieu* are all involved in this same basic dramatic situation. Even the late plays, written in the period of Giraudoux's disenchantment and despair, such as *Electre*, *Ondine* and *Sodome et Gomorrhe* are essentially marked by the realization that the ideal of human love is lost, a loss symbolizing for Giraudoux the end of peace both personal and international.

Already in *Bella* we find the notion, so important in *Siegfried*, of the love between man and woman as a microcosm and as a symbol of the quality of human relations within a nation and between nations. Moreover the outcome of the novel points to a pessimistic vein in Giraudoux's work which was previously absent from it. The appearance in 1926 of *La première Disparition de Jérome Bardini*, the first section of the novel *Les Aventures de Jérome Bardini*, published in its entirety in 1930, suggests quite strongly that at the time of writing *Bella*, Giraudoux was, himself, in a mood of restlessness and discontent. The story of Bardini, a man unable to come to terms with his own happy and stable relationship within marriage, and seeking a new life and personality by means of an escape into an abortive extra-marital adventure, seems certainly to be in part autobiographical, though how much a part of imaginative and how much a part of actual experience it is impossible to say. But, however great or small an influence other facets of the writer's experience had upon the content of *Bella*, it is clear that the political events in Europe of these years affected his mood greatly, and that the tragic outcome of the novel denotes an already present sense of foreboding in Giraudoux. The manuscripts of early versions of *Siegfried* are revealing in this connection.

THE SIEGFRIED MANUSCRIPTS

The many variants and rejected versions of scenes[1] and even whole acts of *Siegfried* confirm what the mood of *Bella* suggests; that after the optimistic *Siegfried et le Limousin* in 1922, and before the re-emergence of this optimism in the final version of *Siegfried*, 1928, Giraudoux lived through a period in which the predominant mood, where the political future of Europe was concerned, was extreme pessimism.

Clearly the main reason for the enormous amount of work which Giraudoux put in on the play before arriving at a version which satisfied him was that the writer was grappling with the demands of an art form entirely new to him. The growth from the often untidy, ill-disciplined and non-dramatic quality of the early variants to the economic, taut and self-contained quality of nearly the whole of the final version is, in itself, a fascinating study of the apprenticeship of an emerging dramatist. Inevitably in the course of this growth considerations of form and content constantly intermingle, and we are left, not only with the evidence of a writer at grips with the demands of the stage, but also with evidence of his fluctuations in mood and preoccupations at the time of composing the various scenes of the play.

Many of the early variants show that the writer was intent upon dramatizing whole episodes taken directly from *Siegfried et le Limousin*, which lent itself badly to dramatization. In content these scenes are often strongly reminiscent of the nostalgic and affectionate portrait of

---

[1] Some variants, including *Fin de Siegfried*, are given in *Le Théâtre complet de Jean Giraudoux* (Ides et Calendes, 1947). R. M. Albérès in his informative study *La Genèse du Siegfried de Jean Giraudoux* also gives some variants.

pre-war Munich found in the novel. But such scenes, picturesque and amusing as they are in the novel, make bad theatre and are accordingly omitted from the final version. Yet much of the picturesque and much of the humour remains; perhaps the best example of the way in which Giraudoux succeeds in preserving these qualities, whilst adapting his style to fit both the form and the content of the play, is to be found in the opening scenes of Act IV. In the delightful exchanges between the French and German officials on the frontier, Giraudoux uses a scene of broad comedy, in much the same way as Shakespeare does, relieving the tension built up at the end of the preceding scene, fitting the episode naturally into the context of the play and preparing the spectator for the climactic scene to follow.

In the same way, there are a number of scenes dramatizing discussions between Frenchmen and Germans concerning the respective characteristics of their nations, their roles in the war and their attitudes to post-war Franco-German relations. In the discursive novel these scenes have their natural place, but again they do not make for good theatre and it is perhaps significant that the moments in the final version when such scenes remain—for example Siegfried's attempt to describe Germany in Act II, Scene 1, Ledinger's references to France and Germany in Act IV, Scene 3—may, perhaps, be said to be the rare occasions on which the dramatist is guilty of certain *lourdeurs*. For the most part the final version achieves its effect, not by means of the discourse but by means of characterization. The contrasts between Zelten and Fontgeloy, Éva and Geneviève tell us more, and in more effective fashion.

But, whatever their dramatic demerits, variants such as those mentioned above make it clear that Giraudoux's intentions remain unaltered: to portray what he believes to be best in both countries and to express the belief that peaceful co-operation is possible. In this respect their spirit remains close to the message of *Siegfried et le Limousin*.

However, another series of manuscript variants provide a striking contrast in both mood and content. They are the scenes of directly political implication, none of which figures in the final version of the play. A whole series of such scenes portray Zelten in a role entirely different from that which we find in *Siegfried et le Limousin* and again in *Siegfried*. They are scenes, much closer to melodrama than to drama, in which are reflected the violence and vindictiveness present in internal German political life in the immediately post-war years. No longer the embodiment of Giraudoux's German ideal, which he is in both the novel and the play, Zelten, in these scenes, assumes the role of political avenger. His enemies are still the German nationalists but, in a manner quite alien to his behaviour as we find it in *Siegfried*, he answers violence with violence, ordering the execution of his political opponents. The emphasis is no longer on Franco-German conciliation, but upon the bitter struggle of the various factions within Germany; without exception the mood is one of violence and pessimism. And, right up until the final version of the play, it is this same mood which dominates Giraudoux's portrayal of Siegfried's destiny.

In scenes varying from farce to violent political melodrama, seldom of impressive dramatic quality, spies, secret agents and hired political assassins conspire to prevent Siegfried's return to France and to his own true identity. In this they are successful and everything points to the fact that until a very short time before completing his play definitively Giraudoux intended it to end with Siegfried's death.

The outstanding example of this is a complete Act IV which has been given the title *Fin de Siegfried*.

When *Fin de Siegfried* was published for the first time, in separate form, in 1934, Giraudoux introduced it with the following words: "L'acte quatrième joué habituellement dans les représentations de *Siegfried* n'est pas l'acte primitif. L'auteur qui n'a jamais compris l'architecture dramatique que comme la sœur articulée de l'architecture musicale, n'avait pas voulu laisser passer l'occasion unique d'écrire une marche funèbre. Comme il ne prévoit pas, pour ses prochaines pièces, de personnages assez sympathiques pour qu'on puisse les tuer sur la scène même, il publie aujourd'hui cette fantaisie à laquelle l'actualité fournit d'ailleurs le décor le plus exact."

In *Fin de Siegfried* the situation at the opening of the act is precisely the same as we find it in the final version. Siegfried has decided to renounce political power, accept his identity as Jacques Forestier and to return to France with Geneviève. But its outcome is completely different. At the Franco-German frontier he is murdered by two hired assassins in the pay of the German nationalists, who are at all costs determined to prevent this symbolic Franco-German union. The assassins are lugubriously comic figures, and it may be said that *Fin de Siegfried*, a mixture of farce, pathos and melodrama, in no way measures up artistically to the fourth act of the final version. But it is when we compare the contents and particularly the contrasting outcomes of the two fourth acts that *Fin de Siegfried* illustrates clearly the deeply conflicting moods in which the writer was at the time of completing the play. Robineau and the Prince of Saxe-Altdorf and his daughter Ottilie, as well as Geneviève, are present as Siegfried dies. Saxe-Altdorf and Ottilie do not appear in the final version of the play, but they appeared in *Siegfried et le Limousin* and play the same part in *Fin de Siegfried* as they do in the novel. The cultured, peace-loving and francophile friends of Jean-Robineau, they represent, in both works, those aspects of Germany which Giraudoux came to like and admire during his stay in Munich before the First World War. Thus three themes, the assassination of Siegfried, the love of Geneviève and Siegfried and the portrayal of friendship between Frenchmen and Germans, are interwoven into *Fin de Siegfried*. Just before he dies Siegfried begs Geneviève, the Frenchwoman he loves, and Ottilie, her German counterpart, to love one another and be as sisters.

Ending as it does on this note of violence and death, in which the fulfilment of the symbolic union between Siegfried and Geneviève is frustrated, *Fin de Siegfried* is clearly intended to imply that the political self-interest of nationalism and the violence to which it is prepared to have recourse are destroying the possibility of future individual and collective peace and happiness.

It is not difficult to see why Giraudoux considered the year 1934 to be suitable for the publication of *Fin de Siegfried*. For it was the year after the rise to power of Hitler at the head of the German Nazi party, when Franco-German relations had worsened considerably and when Europe was pushed nearer to the outbreak of a second war. But it is significant that Giraudoux wrote this fourth act in the early months of 1928 when on the surface, relations between the two countries were reasonably pacific and when hopes of a continued European peace were at their highest. Clearly Giraudoux was fully aware of the dangers of resurgent German nationalism; the mood and outcome of *Fin de Siegfried* illustrate that he viewed its emergence as the predominant political characteristic of the nation as a very real possibility and one which would lead to disaster. Moreover, the implicit criticism of the destructive effects of power politics already found in *Bella*, together with the uniformly pessimistic note struck by the *Siegfried* variants concerned with direct political drama, suggests that Giraudoux is convinced that hopes of peace depend upon nations finding a means of presenting an image of themselves other than that propagated by the politicians who claim to represent their interests.

It is from the moment that the character of Geneviève assumes an important role in his play—in *Siegfried et le Limousin* she played only a small part of no great significance—that Giraudoux finds the means of replacing the image of France and Germany and the relations between the two countries reflected by the world of politics, with an image based upon what he considers to be the truest and most powerful experience to which humanity may aspire; in doing so he superimposes upon the mood of pessimism and foreboding induced by the political situation a reassertion of his faith in the power of human love and understanding. It is this faith, contesting and, for a time, stifling his misgivings, which leads to the optimistic and triumphant ending of the final version of *Siegfried*.

The emergence of Geneviève as the heroine of the play has the most enormous repercussions upon it; it changes what was intended fundamentally to be a political drama into a love story, and the predominance of the love intrigue, and the mood of optimism and happiness which ensues, exercise an essential influence upon the roles and personalities of all the other characters in the play. This is of particular significance in the case of the character of Siegfried. In *Siegfried et le Limousin* Siegfried remains for the most part a shadowy and lifeless figure, more discussed and fought over than directly involved in the plot, an abstract symbol rather than a living character. In the variants in which his love affair with Geneviève plays no part, he is a political figure, playing now a more active role in the crisis over the question of his own choice of destiny, but still a somewhat lifeless and unconvincing character, and still, due to his preponderantly political involvement and to the mood of foreboding and pessimism which this aspect of Franco-German relations induced in the writer, doomed to failure in his attempt to assume his own real nature and identity. It is only in the final version of *Siegfried*, when the central issue of the drama becomes the outcome of Siegfried's initiation into the truth of his past love for Geneviève, when he is faced with the tremendous implications of this fact as well as the effect which the presence of Geneviève is having upon the present for him, that the hero is given the means of transcending the destiny which the political situation appears to be fashioning for him, and of coming to terms successfully with the truth of his identity. This fundamental change in the outcome of the play coincides with an outstanding improvement in the dramatic quality of the work; for in shifting the emphasis of his subject matter from a situation in which the character of the hero is only the vehicle of an abstract generalization to one in which he is torn by the conflicting demands of a particularized human problem, Giraudoux, while preserving the symbolic meaning of his play, is able to give to Siegfried the life of an individual human experience so essential to the success of any drama.

If, in the final version, Giraudoux intends the particular human drama to take pride of place over the drama of political intrigue, this in no way implies that he wishes to divest his play of all general political significance. The change in mood and content in the final version is one of proportion and of emphasis. The character of Éva, who again plays only a minor role in *Siegfried et le Limousin*, is a good illustration of the manner in which Giraudoux, whilst subjugating the role of political conflicts to the demands of the love intrigue, succeeds in incorporating both considerations within the framework of the play. In both her personal characteristics and her political sympathies Éva is opposed to the idea which Giraudoux seeks to propagate; and although it is her attempt, on personal grounds, to frustrate the fulfilment of the love of Siegfried and Geneviève which provides one of the major elements of dramatic tension in the play, her personal motivation cannot, at any time, be separated from her political motivation. The story of the rebirth of love between Siegfried and Geneviève, a complete entity in itself, remains also a symbolic union. It implies that man, in replacing the pursuit of political interests with the aspiration towards a higher human ideal, may yet find the means to preserve a peace already threatening to slip from his grasp. Thus the apolitical Geneviève, concerned solely with winning Siegfried back to her because she loves him, affects, unconsciously, a *rapprochement* between the two nations, whilst Éva, intent on a submission of the individual human will to the political dogma of nationalism which she serves, acts throughout as a dramatic foil to both the individual and the collective ideal implicit in the play.

The advent of the love intrigue makes of *Siegfried* a far better play than the manuscript variants, with their strong vein of whimsy, political melodrama and rather abstract and lifeless characterizations,

suggest that it would have been without it. But, although Giraudoux's
adoption of this theme on purely aesthetic grounds may by no means
be discounted, his main reasons for turning to it are no less a result of
his personal experience than the inclusion of the political content of the
play is a result of his observation of and involvement in post-war
politics. In a sense, to witness the growth of *Siegfried* from the novel
Siegfried et le Limousin, 1922, through the events which led to *Bella*,
1926, and through the composition of the play itself from the earliest
drafts to his final version, is to witness the writer returning to the
events in his own past, prior to the year of the publication of *Siegfried
et le Limousin*; he returns to the memories of his own participation in
the First World War, to his own state of mind in emerging from it, and
to his marriage to Suzanne Boland in 1918, coinciding as it did for him
with the welcome return of peace. It is the memories of these years and
all they represent for him, memories reflected in his war chronicles and
in the novel *Suzanne et le Pacifique*, which provide Giraudoux with the
material that inspires the portrait of Siegfried in search of his true
identity and the portrait of Geneviève, who enables him to find it.

THE WAR CHRONICLES
AND SUZANNE ET LE PACIFIQUE

The sixteen chapters which recount Giraudoux's part in the First
World War and his reaction to it, all published in separate form between 1915 and 1919, appeared collectively under the titles *Lectures
pour une Ombre*, 1917, *Amica America*, 1919, and *Adorable Clio*, 1920.
The events which provide the background to these chronicles are
Giraudoux's departure for the war and the early weeks spent on active
service in Alsace, the Franco-British military expedition to the Dardanelles in 1915, several periods of hospitalization and convalescence
due to wounds received in the Battle of the Marne and during the
Dardanelles campaign, the French military missions to Portugal in
1916 and the United States in 1917, the return of the victorious French
army to Alsace in 1918, and the elation in Paris at victory and the
return of peace.

Yet although Giraudoux played his full part in the war, both as a
soldier and as a military delegate, and the battlefield provides the
scene of many of the chronicles, the chronicles are not a description of

the military struggle between the French and German armies, nor do they deal in any way with the political, ideological and economic factors of the war. They are rather a dialogue between man and war, the reflection of a private experience in which Giraudoux gives free rein to an impressionist portrait of his imagination, sensibility and emotions at the spectacle of war and his involvement in it.

For Giraudoux, as for so many of his generation, the war began on a note of enthusiasm and adventure, and ended on one of bitterness and disenchantment. The early chronicles, shot through with self-irony, depict a Giraudoux more than willing to throw off the shackles of pre-war responsibilities, eager to assume the role of the warrior. But even in the second and third chapters of *Lectures pour une Ombre*, dealing with Giraudoux's first experience of action in battle in the first two months of the war, the beginnings of disillusionment set in. It is the writer's confrontation with violent death which first shatters the state of mind he was in at the outbreak of war in August 1914. The second chapter, *Périple*, ends with the words: "Un tué . . . ma guerre est finie." And the third and final chapter, *Les cinq Soirs et les cinq Réveils de la Marne*, takes up and develops the implications of these closing words, revealing a growing awareness in the writer that the realities of war have little in common with the romantic and idealized picture of it which he had formed before becoming involved in it. This theme is developed with increasing bitterness throughout the war chronicles, reaching its climax in the two chapters from *Adorable Clio*, *Mort de Ségaux*, *Mort de Drigeard* and *Entrée à Saverne*. Allied to this theme is the stupidity inherent in the spectacle of nations engaged in the pursuit of mutual slaughter, a notion expounded with particular irony in *Dardanelles*, of *Adorable Clio*, Giraudoux's account of the Dardanelles campaign, in which, against a natural backcloth of peace and beauty, the soldiers of various nations are seen involved in particularly heavy carnage. *Mort de Ségaux*, *Mort de Drigeard* relates this slaughter between nations particularly to the Franco-German conflict. Drigeard, on awakening on the morning of the day on which he is to die contemplates his role in the war and recalls his situation before its outbreak: "On ne se voit guère que de profil à la guerre, pense Drigeard, mais chaque fois que je vois un visage français de face, il me semble qu'on me paie avec une monnaie étincelante. . . . Sept ans que j'habitais l'Allemagne, j'en suis revenu si vite voilà six semaines que je sens encore là-bas, au

milieu des Allemands, ma forme vivre. . . . C'est sur elle que je m'a-
muse à tirer." Although Giraudoux does not refer directly to himself
and to his own life before the war, it is clear that in this passage Drigeard's musing reflects the writer's thinking at this time; before the war
a love of France and a love of Germany were not mutually exclusive,
and, so closely was he identified with both one and the other, that to
fire upon a member of one nation is to fire upon a member of the other;
so completely has the war destroyed the bases of his former life that he
is in the process of confusing and losing touch with the realities of his
own identity.

The sense of *dépaysement* and loss is further and more fully treated
in the chapter *Journée portugaise*, in *Adorable Clio*, and throughout the
chapters of *Amica America*. Written during his military missions to two
countries still officially at peace, they reflect a growing appreciation of
the characteristics of everyday life untroubled by the havoc of war, a
contrast with the whole tenor of life as he remembers it in a Europe in
conflict, and, at the same time a deep sense of longing for a return to
the life in France which he so lightly abandoned at the outbreak of
war.

In evoking the notion of France at peace in the closing lines of
Dardanelles, Giraudoux employs an image of the greatest significance
" . . . si je m'éveillais j'avais la consolation de croire que tous les
Français sont semblables. La guerre, alors, me paraissait anodine; il
suffisait que l'un d'entre nous fût sauvé, un seul, et quand je refermais
les yeux l'idée venait, aussi apaisante, d'un enfant unique, d'une femme
unique. Pour vous donner un instant le sommeil du premier homme, la
France à cette distance se simplifiait." And in the later chronicles the
process of identifying a France at peace with woman becomes increas-
ingly frequent; the reason for the writer's use of such an image may
be traced to events in his personal life during these years.

During his convalescence in Paris in the winter of 1914–15, after
being wounded at the Battle of the Marne and before his departure for
the Dardanelles campaign, Giraudoux fell in love with Suzanne Boland,
whom he had known since before the First World War. Throughout the war, during his absences on both active service and military
missions, his love affair with Suzanne became for Giraudoux, together
with his growing detestation of the war, an important additional reason
for desiring the return of peace, and with it the opportunity of living

in Paris once more. Thus war became for him the major obstacle to the fulfilment of his own happiness, and woman, in the person of Suzanne, became the embodiment of everything which the return of peace now had to offer him. The repeated refrain of *Adieu à la guerre*, the final chapter of *Adorable Clio*, "Guerre, tu es finie!" is then the exultant cry of a man entering the period of his life when all his hopes of happiness and peace promise to be fulfilled.

The novel *Suzanne et le Pacifique*, published in 1921, three years after Giraudoux's marriage to Suzanne and two years after the birth of their son, Jean-Pierre, is a *poème en prose*, at once a tribute to the person of his wife and a glorying in the return of peace, which for him she personifies. Suzanne is the precursor of Giraudoux's dramatic heroines, Geneviève, Alcmène, Isabelle and Andromaque who all, in their different ways, epitomize the same delightful human qualities already found in the heroine of the novel.

Suzanne et le Pacifique is the story of a beautiful young girl who is involved in a shipwreck and marooned upon an uninhabited island in the Pacific Ocean. On her island, far from wartime France and completely isolated from mankind, Suzanne leads an idyllic existence, living in complete harmony with the natural world around her. It is with some regret that, when rescued by a passing ship, she leaves her island paradise to return to France, a country now grown strange to her. For during her stay on the island, she finds a number of bodies of dead sailors washed up on the beach, and although she is unable to tell their nationality, and only able to hazard a series of guesses at the countries which are at present the enemies of her own country, the bodies are indication enough that, outside the confines of her peaceful island, the world is at war. But, upset on landing in France, she is reassured by the words of the first man she meets: "Je suis le contrôleur des poids et mesures, Mademoiselle. Pourquoi pleurer?", a scene which is the forerunner of Giraudoux's play *Intermezzo*, 1933, in which, in a French provincial setting, this same contrôleur struggles successfully to persuade Isabelle that human life, spent with a man determined to be worthy of her beauty, is a worthwhile experience. The implications of Suzanne's return underlines the symbolic meaning of the title of the novel, for as well as referring to Suzanne and the Pacific Ocean, the title refers to Suzanne and peaceable man; now that the war is over Suzanne may find in her own country and in the company of men returned to peaceful pursuits a happiness at least the equal of that which she found upon her island, alone.

It is this period of Giraudoux's life and this element in his experience, reflected in large measure in the war chronicles and in *Suzanne et le Pacifique*, though greatly transposed in the literature, which re-emerge in *Siegfried* in the love story of Siegfried and Geneviève. The disorientation, suffering and unhappiness of the First World War are ended by the aftermath of personal happiness and fulfilment. The merging of this personal idyll with the treatment of the world of post-war politics results in Giraudoux's version of the myth of Siegfried.

THE SIEGFRIED LEGEND AND THE GIRALDUCIAN IDEAL

In Giraudoux's *Siegfried*, the first French treatment of a previously exclusively Teutonic myth, and one which is so admirably suited to his purpose, it is the theme of redemption through love, and with it the rejection of the tragic principle, which emerges triumphant.

Whilst it is important to note Giraudoux's debt to Wagner, and in particular to his *Der Ring des Nibelungen*, it is more important still to recognize that, where both form and content are concerned, *Siegfried* is a work of great originality; for so far has Giraudoux moved away from the German Siegfried legend that it might be said that his play is not so much a treatment as a refutation of it (see the Appendix).

Clearly, Giraudoux is greatly influenced by Wagner's theory of his art: the complete fusion of the dramatic and the musical content. For Giraudoux, it is obviously not a question of fusing music with drama, but rather of finding a style of language which will arouse in his audience a sustained emotional response in harmony with the overall argument and outcome of the plot. In referring to his own attitude to dramatic technique in his introduction to *Fin de Siegfried*: "L'auteur qui n'a jamais compris l'architecture dramatique que comme la sœur articulée de l'architecture musicale . . . ", Giraudoux himself underlines the similarities between Wagner's aesthetic theories and his own.

Yet, as already suggested, apart from this most basic common approach to the relationship between form and content, Giraudoux's *Siegfried* differs radically from Wagner's work. For the epic quality of the *Ring*, with its gods, its dwarfs, its use of the magical and the supernatural, is quite absent from *Siegfried*. In its place we have, well in keeping with the twentieth-century humanist ideal, an exclusively human situation. By means of what Jean Anouilh, in his *Hommage à Jean Giraudoux*, has called his "style poétique et familier", Giraudoux ensures that the significance of his work transcends the immediate human situation from which it is born. Couched in a language which, at its best, reaches our deepest emotions by way of our imagination and sensibility, it achieves the universal through a portrait of the particular.

Gone too is the Wagnerian dramatic process whereby the protagonists of good and evil are accorded equal ability to influence deeply the mood and atmosphere of the work at the time they are influencing the course which the drama is next to take. For Giraudoux, having once decided that his work will be first and foremost concerned with the Siegfried-Geneviève love idyll, and that this love will triumph, subjects every other consideration of situation and character to the creation of an atmosphere which will contribute to the emotional impact which he intends the optimistic message of his play to have upon the audience.

It is where the optimistic message contained within the ending of *Siegfried* is concerned that Giraudoux's play differs essentially from Wagner's *Der Ring des Nibelungen*. And it is in this respect that we are perhaps justified in seeing the work as a reply to the message contained within the German Siegfried legend. For whereas the Siegfried legend is basically pessimistic, Giraudoux's *Siegfried* in its final version is basically optimistic.

If the ending of *Götterdämmerung* implies musically that the love between Siegfried and Brünnhilde will survive in another world despite its defeat in this one, Wagner's view of the struggle between good and evil is, in terms of this life, essentially a tragic one. For Siegfried and Brünnhilde are destroyed, and the love they seek to fulfil crushed by the forces of evil which oppose them. The love of Siegfried and Geneviève triumphs in this world; the political and personal forces of destruction seeking to bring about its downfall are successfully opposed and frustrated; in the portrayal of the final triumph of this symbolic couple, the individual and the collective good are seen to merge. Thus Giraudoux counters the fatalistic view of the power of evil with the idealist's view of the power of love.

Only the character of Éva remains as testimony to the note of bitterness and harshness struck so frequently in the play's variants before the emergence and ultimate predominance of the love intrigue. And in Act III, Scene 5, one of the most important scenes in the play, it can be seen that Giraudoux, whilst retaining her political significance, also makes her the dramatic foil of Geneviève's description of her purely personal motivation in seeking to win Siegfried back to his true identity, and of the heroine's refusal to accept the notion that man's duty to his country and loyalty to the woman he loves must, of necessity, make him the victim of a tragic conflict. For Siegfried, duty to self, duty to his country and loyalty to the woman he loves are all one.

True, Fontgeloy, Waldorf and Ledinger also appear as opponents of the fulfilment of the love of Siegfried and Geneviève. But the interests of the aristocracy, of nationalism, militarism and specious and insincere political theorizing which they represent, although they are in every respect a serious threat to Siegfried and Geneviève, do not provide the main element of dramatic tension. Again, seeking to preserve a unity of tone, in keeping with the major burden of his work, Giraudoux abandons the technique of a direct portrayal of political drama, and adopts a comic process of satire and ridicule as a means of presenting the opponents of his ideal. He uses comedy, too, as a means of portraying those minor characters in sympathy with the ideal. His characterizations of the slightly comic Robineau and Zelten, and of the customs officials Pietri and Schumann are tinged with a gentle and indulgent satire which only serves to increase our delight in and affection for them.

It is the progressive revelation of Siegfried's identity and his struggle to reassume it which provides the main element of dramatic tension. Always closely linked to the rebirth of the Forestier-Geneviève love affair and the hopes for its future success, this struggle achieves its climax in the final act when Siegfried, won to Geneviève, chooses to renounce the power and the glory of political eminence and return to his former obscurity, and, in the closing lines, when Geneviève finally overcomes her latent anti-German prejudice and accepts her lover in all the fullness of his Franco-German identity. This joint capitulation of the ego is at one and the same time expression of the ideal of peaceful Franco-German relations and of the realization of the individual's redemption through human love.

Siegfried is the climactic expression of the Giralducian ideal, an ideal reiterated in new form in his second play, *Amphitryon 38*, 1929, and again in *Intermezzo*, 1933. But already in 1931, between the two comedies which followed *Siegfried*, Giraudoux expressed in his tragedy, *Judith*, a mood of growing despair; the hero and heroine, although in love, are a prey to the pride, aggressions and ambitions present both within themselves and within the nations whose conflict is the background of their meeting; it is a situation in which human imperfection and religico-political vindictiveness conspire to bring about the destruction of the ideal of love. *Judith* heralds the content of Giraudoux's plays of the late 1930s and the 1940s. But his masterpiece, *La Guerre de Troie n'aura pas lieu*, written in 1935, reflects a moment of balance; in it, in the persons of Hector and Andromaque, the hero and heroine who embody the ideal of human love and peace appear once more, and for the last time. They are opposed, in their desire to preserve individual and collective peace, by the warrior instinct in man, by his sexual promiscuity, his economic greed, and his easy and self-indulgent acceptance of what he chooses to call fate, when its workings promise to satisfy his appetites. *La Guerre de Troie n'aura pas lieu* gives full and glorious expression to this same ideal of love and peace, and then, with irony and bitterness, portrays the re-emergence of the baser element in man, eclipsing and defeating it.

From *Electre*, 1937, onwards, through the disenchantment of *Ondine*, 1939, and up to the stark tableau of *Sodome et Gomorrhe*, 1943, a biblical *Götterdämmerung*, the main themes of Giraudoux's work are a lament at the crumbling of the individual and collective ideal of peace and the portrayal of a world bent on its own destruction. The late plays, born as they are from the years in Europe's history which so brutally give the lie to Giraudoux's first play, reflect a recognition of the renewed triumph of the evil inherent in the nature of man, and are a far cry from the optimism of *Siegfried*.

Yet, in the final analysis, the beauty of its formal expression together with that element of universal truth within it, which transcends the environment from which it has grown, and which continues to exist despite the evidence of conflicting patterns of human behaviour, are the qualities by which the work of art must be judged. Giraudoux's *Siegfried*, in showing the fulfilment of human love emerging triumphant from the chaos and destruction which surround it, seeks not to portray man in his totality, but to seize upon and develop in a sustained

manner an element which, however inconstantly and however fleet-
ingly experienced, is recurrent within the nature of man and leads to
the formulation of some of his highest ideals. The qualities of warmth
and lyricism in this play give it few equals in the modern theatre of
emotional persuasion.

It is perhaps the fate of any work of art which reflects man at the
moment of fulfilling much of what is best in his experience, and
which commits itself to a faith in this reflection, to be eventually and
repeatedly contradicted. The truth it states is then defeated but not
destroyed. Because it is successful in portraying that most common yet
intangible and inexplicable human experience, the happy love affair,
and because it voices through it the deep-felt human longing for a
harmony where spirit and matter may become one and where the
individual and the collective good are seen to merge, *Siegfried* transcends the ugliness and inadequacy of much in life, and achieves the
expression of a basic human truth in a manner which will ensure its
own survival.

BIOGRAPHICAL NOTES

1882   October 29th: Giraudoux born in Bellac, Haute Vienne.

1893   Giraudoux enters *lycée* in Châteauroux.

1900   Giraudoux leaves Châteauroux *lycée* with scholarship to continue studies in Paris at the *lycée Lakanal*.

1902   Clermont-Ferrand and Lyon. One year's military service in the 298th Infantry Regiment, the regiment to which he is to return on the outbreak of the First World War in August 1914.

1903   Giraudoux continues studies at the *Ecole Normale Supérieure*. Attends Charles Andler's course of lectures on German literature.

1904   *Le dernier Rêve d'Edmont About*, Giraudoux's first published work, appears in the student revue, 'Marseille-Etudiant'. Giraudoux completes his *licence-ès-lettres* in German.

1905   *Diplôme d'études supérieures* in German. Giraudoux leaves the *Normale* with travelling scholarship to Germany.

1905–06 Giraudoux in Munich. Beginning of friendship with Paul Morand to whom he is tutor in Munich. Also French tutor to Prince of Saxe-Meiningen.

1906   Completion of the *Diplôme d'études supérieures*.

1907   Giraudoux *lecteur de français* in the University of Harvard.

1908   Return to Paris. Giraudoux secretary to Maurice Bunau-Varilla, son of the owner of the newspaper *Le Matin*. Collaboration with Franz Toussaint on literary page of the newspaper. Giraudoux writes short stories under the pseudonyms E. M. Manière and Jean Cordelier.

1909   *Provinciales*. Gide writes favourable review of these stories in *N.R.F.*, June 1909.

1910   Giraudoux enters the Diplomatic Service. (Elève vice-consul à la Direction politique et commerciale.)

1911   *L'École des Indifférents.* Beginning of friendship with Philippe Berthelot. Giraudoux assigned to foreign press section of Foreign Affairs.

1914   August 2nd: Giraudoux, with rank of sergeant, rejoins 298th Infantry Regiment on outbreak of war. August 15th: Alsace Front. September 16th: shrapnel wound during Battle of Marne; hospital; receives 'citation à l'ordre du Régiment'.

1915   Giraudoux, now sublieutenant, transferred to 176th Regiment. With Franco-British expeditionary force to Dardanelles; wounded a second time. Return to Paris. Attached to Berthelot in Foreign Service. July 31st: Decorated with Légion d'Honneur (first French writer to receive it for war service).

1916   Summer: mission to Portugal as military instructor.

1917   *Lectures pour une Ombre,* first collection of war chronicles. Giraudoux attached to mission of officer instructors to U.S.A.

1918   *Simon le Pathétique.* Giraudoux marries Suzanne Boland.

1919   *Amica America. Elpénor.* Birth of Giraudoux's son, Jean-Pierre.

1920   *Adorable Clio.* Giraudoux, after convalescence, returns to Foreign Service on the Quai d'Orsay. Joins the Service des Œuvres Françaises à l'Étranger.

1921   *Suzanne et le Pacifique.* Giraudoux becomes head of the Service des Œuvres Françaises à l'Étranger. Preoccupation with Franco-German relations.

1922   *Siegfried et le Limousin.* Raymond Poincaré comes to power.

1923   Poincaré orders French military occupation of the Ruhr, in order to force Germany to fulfil clauses of the Treaty of Versailles.

1924   *Juliette au Pays des Hommes.* Poincaré dismisses Giraudoux from post in the Service des Œuvres Françaises à l'Étranger. Giraudoux appointed secretary to the Embassy in Berlin, but quickly returns to Paris to post in *Services d'Information et de Presse.*

1926   *Bella. Simon le Pathétique* (revised version). End of year: attached to *Commissariat d'Evaluation des Dommages Alliés en Turquie.* Duties light. More time for writing. Meets Jouvet.

1927 *Églantine. L'Orgueil* (essay in the collective work: *Les sept Péchés capitaux.*) Probably begins serious work on first drafts of his play *Siegfried.*

1928 *Siegfried.* Large number of rough drafts, variants bear witness to great amount of work on play. Collaboration with Jouvet, beginning of life-long friendship and partnership.

1929 *Amphitryon 38.*

1930 *Les Aventures de Jérôme Bardini. Racine* (critical essay).

1931 *Judith.* The play, the only one of his works to which Giraudoux gave the title *tragedy*, fails to win an appreciative audience. Giraudoux bitterly disappointed. Remains convinced play is amongst his best.

1932 *La France sentimentale.*

1933 *Intermezzo.*

1934 *Combat avec l'Ange. Tessa* (dramatized adaptation of Margaret Kennedy's *The Constant Nymph*). Giraudoux delivers three important lectures at the *Université des Annales: La Femme 1934; La Relève de la Femme; La Femme devant l'Univers.* Published separately in 1935, the lectures are published collectively for the first time in 1951 under the general title: *La Française et la France.* Giraudoux appointed inspector of diplomatic and consular posts.

1935 *La Guerre de Troie n'aura pas lieu.*

1936 *Supplément au Voyage de Cook.* Giraudoux offered direction of the Comédie Française; refuses. World travel as inspector of diplomatic posts. Five lectures at the *Université des Annales* on La Fontaine. Lectures published separately same year, collectively in 1938 under general title *Les cinq Tentations de La Fontaine.*

1937 *Électre. L'Impromptu de Paris.*

1938 *Cantique des Cantiques. Les cinq Tentations de La Fontaine.*

1939 *Ondine. Choix des Élues. Pleins Pouvoirs.* Giraudoux appointed Commissaire à l'Information several days before the outbreak of the Second World War. Speeches, broadcasts.

1940   *Messages du Continental* (speeches broadcast by Giraudoux during office as Commissaire à l'Information). Fall of France. Giraudoux leaves information service. Withdraws from Paris to Cusset. Short spell as Inspector of Historical Monuments. Refusal to serve under Vichy government. Retires from Civil Service.

1941   *Littérature* (publication of collected critical essays composed throughout career). Giraudoux at work on film version of Balzac's *La Duchesse de Langeais*.

1942   *L'Apollon de Bellac. Le Film de La Duchesse de Langeais.* Jouvet and his actors in South America. *L'Apollon de Bellac* presented in Rio de Janeiro June 16th. Giraudoux in Switzerland. Delivers lectures later published as *Visitations*. Giraudoux's return to Paris. Begins work of 'documentation française', listing crimes committed by Nazis against French artists and writers.

1943   *Sodome et Gomorrhe.* Death of Giraudoux's mother.

1944   *Le Film de Béthanie* (text of *Les Anges du Péché*). January 31st: Death of Jean Giraudoux. August: Liberation of Paris.

1945   *La Folle de Chaillot.* December 19th: Louis Jouvet and troupe, back in Paris, present *La Folle de Chaillot* for the first time.

1947   *Pour une Politique urbaine. Visitations.*

1950   *De pleins Pouvoirs à sans Pouvoirs.*

1951   *La Française et la France.* Death of Louis Jouvet.

1952   *Les Contes d'un Matin.* (Collection of Giraudoux *contes* written and published in newspapers and magazines before 1909.)

1953   *Pour Lucrèce.*

1958   *Les Gracches* (unfinished play). *La Menteuse* (unfinished novel). Not possible at the moment to date either work precisely. *Les Gracches* almost certainly dates from 1938–39, though is perhaps as early as 1936.

BIBLIOGRAPHY

GIRAUDOUX'S WORKS:
Plays
(Dates in brackets refer to the first performance of each play.)

Siegfried (May 3rd 1928), Grasset, 1928

Amphitryon 38 (November 8th 1929), Grasset, 1929

Judith (November 4th 1931), E. Paul, 1931

Intermezzo (February 24th 1933), Grasset, 1933

Tessa (November 14th 1934), Grasset, 1934

La Guerre de Troie n'aura pas lieu (November 21st 1935), Grasset, 1935

Supplément au voyage de Cook (November 21st 1935), Grasset, 1937

Électre (May 13th 1937), Grasset, 1937

L'Impromptu de Paris (December 4th 1937), Grasset, 1937

Cantique des Cantiques (November 21st 1938), Grasset, 1938

Ondine (April 27th 1939), Grasset, 1939

L'Apollon de Bellac (originally entitled *L'Apollon de Marsac*) (June 16th 1942), Supplément Théâtral de Dom Casmurro, 1942

Sodome et Gomorrhe (October 11th 1943), Grasset, 1943

La Folle de Chaillot (December 19th 1945), Ides et Calendes, 1945

Pour Lucrèce (November 4th 1953), Grasset, 1953

Novels, Short Stories

Provinciales, Grasset, 1909

L'École des Indifférents, Grasset, 1911

Simon le Pathétique, Grasset, 1918

Suzanne et le Pacifique, E. Paul, 1921

Siegfried et le Limousin, Grasset, 1922

Juliette au Pays des Hommes, E. Paul, 1924

Bella, Grasset, 1926

Églantine, Grasset, 1927

Les Aventures de Jérôme Bardini, E. Paul, 1930

Combat avec l'Ange, Grasset, 1934

Choix des Élues, Grasset, 1939

Les Contes d'un Matin, Gallimard, 1952

War Chronicles

Lectures pour une Ombre, E. Paul, 1917

Amica America, E. Paul, 1919

Adorable Clio, E. Paul, 1920

Films

Le Film de la Duchesse de Langeais, Grasset, 1942

Le Film de Béthanie (Les Anges du Péché), Gallimard, 1944

Literary Criticism, Political Essays, etc.

Les cinq Tentations de la Fontaine, Grasset, 1938

Pleins Pouvoirs, Gallimard, 1939

Messages du Continental (text available only in the Bibliothèque Nationale, Paris), Grasset, 1940

Littérature, Grasset, 1941

Sans Pouvoirs, Editions du Rocher, 1946

Pour une Politique urbaine, Arts et Métiers Graphiques, 1947

La Française et la France, Gallimard, 1951

CRITICAL WORKS:

R. M. ALBÉRÈS; *Esthétique et Morale chez Jean Giraudoux*, Librairie Nizet, 1957; *La Genèse du Siegfried de Jean Giraudoux*, Bibliothèque des Lettres Modernes, 1963

L. LESAGE: *Jean Giraudoux: His Life and Works*, Pennsylvania State University Press, 1959; *Jean Giraudoux, Surrealism and the German Romantic Ideal*, University of Illinois Press, 1952

D. INSKIP: *Jean Giraudoux: The Making of a Dramatist*, Oxford University Press, 1958

C. MARKER: *Giraudoux par lui-même*, Éditions du Seuil, 1951

M. MERCIER-CAMPICHE: *Le Théâtre de Jean Giraudoux et la Condition humaine*, Éditions Domat, 1954

C. E. MAGNY: *Précieux Giraudoux*, Éditions du Seuil, 1945

Personnages

GENEVIÈVE

ÉVA

SIEGFRIED

BARON VON ZELTEN

ROBINEAU

GÉNÉRAL DE FONTGELOY

GÉNÉRAL VON WALDORF

GÉNÉRAL LEDINGER

MUCK

PIETRI

SCHUMANN

Madame Patchkoffer. Madame Hoepfl. Monsieur Kratz. Monsieur Meyer. Monsieur Schmidt. Monsieur Patchkoffer. Monsieur Keller. Le sergent des Schupos. Un domestique.

ACTE PREMIER

*Bureau d'attente luxueux et moderne.
Escalier de marbre blanc, avec tapis rouge,
à droite de la baie. Vue sur Gotha* couverte de neige.*

SCÈNE I
ÉVA. L'HUISSIER MUCK.
UN DOMESTIQUE

MUCK, *annonçant.* Son Excellence le général Ludendorff!*

ÉVA. Pas maintenant ... Ce soir, à neuf heures.

MUCK. Son Excellence le Président Rathenau!*

ÉVA. Ce soir, à neuf heures. ... Tu sais parfaitement que cet après-midi est sacré pour Monsieur Siegfried.

MUCK, *au domestique.* Je n'ai pas de succès. ... Annonce les tiens!

LE DOMESTIQUE, *d'une voix presque honteuse.* Monsieur Meyer! ...

ÉVA. Parfait. Monsieur le Conseiller Siegfried va le recevoir dans un moment.

LE DOMESTIQUE. Monsieur Kratz! Madame Schmidt!

ÉVA. Très bien. Ils sont à l'heure, Monsieur Siegfried va les voir tous.

MUCK. C'est le tort qu'il aura. ...

ÉVA. Qui te demande ton avis?

MUCK. Monsieur Siegfried se cause des émotions bien inutiles. ...

Éva ne répond pas, et écrit.

MUCK, *au domestique.* J'ai regardé sous le nez tous ces prétendus parents qui viennent des quatre coins de l'Allemagne reconnaître en lui un fils disparu à la guerre. ... Aucun ne lui ressemble!

* *The asterisks in the text refer to the* Notes *beginning on p. 120.*

41

LE DOMESTIQUE. Ah!

MUCK. Tu me diras que des ressemblances, il en est comme des maladies, qu'elles sautent une génération?

LE DOMESTIQUE, *qui met en ordre les fauteuils et les portières.* Oui, je te le dirai.

MUCK. J'ai regardé les photographies qu'ils m'ont tendues à la porte, les photographies de leur enfant,— leurs tickets d'entrée. Celui-là porte des lunettes. Celui-là a un soupçon de bec de lièvre. Aucun ne ressemble à Monsieur Siegfried !

LE DOMESTIQUE. Tu ne sais peut-être pas voir les ressemblances?

MUCK. Au contraire. Dans les musées, dans les théâtres, sur les tableaux, sur les statues, sur tous ces gens en costumes anciens ou tout nus, sur Alexandre le Grand, sur Lohengrin,* il est bien rare que je ne retrouve pas quelque chose de Monsieur Siegfried en veston. . . . Sur ceux-là, rien. . . . Tu connais Lohengrin?

LE DOMESTIQUE, *vague.* Mal. Je l'ai aperçu.

ÉVA, *interrompant leur dialogue.* Tout est prêt pour l'entrevue?

MUCK. Le lustre est réparé. . . . J'ai mis des lampes neuves. . . .

ÉVA. Monsieur Siegfried est habillé?

MUCK. Il s'habille. (*Au domestique.*) Il hésite. Il ne sait s'il va couper ses moustaches, comme la dernière fois. Je l'ai laissé devant la glace. Il se demande sans doute comment il sera le plus ressemblant. S'habiller avec les traits de son enfance est plus long que de prendre un veston.

ÉVA. Fais entrer le baron de Zelten.

MUCK, *surpris.* Je n'ai pas annoncé le baron de Zelten !

ÉVA. C'est ce que je te reproche. Pourquoi l'as-tu laissé entrer, malgré ma défense? Pourquoi lui permets-tu de se mêler à nos visiteurs et de les questionner?

MUCK. J'ai cru bien faire, c'est le cousin de Mademoiselle.

ÉVA. Les bruits les plus fâcheux courent sur le compte de Zelten. Il est le grand homme des cafés, des coulisses, des piscines. On raconte qu'il a acheté la police et qu'hier soir même, tous les agents étaient convoqués chez lui.

MUCK. Mademoiselle se trompe. Il leur avait donné des billets de théâtre. Ils étaient tous à *Salomé** pour voir quels uniformes ont les gardes d'Hérode.

ÉVA. Va.... Je l'attends.

Elle congédie l'autre domestique.

SCÈNE II
ÉVA. BARON VON ZELTEN

ÉVA. Que cherches-tu ici, Zelten?

BARON VON ZELTEN. Je vois que tu fais toujours bonne garde autour de ton nourrisson. Il est rentré du Parlement?

ÉVA. Es-tu pour nous ou contre nous, Zelten?

BARON VON ZELTEN. Il est rentré, il t'a mise au courant de son succès, je le vois à ton visage! Tu rayonnes, cousine. Que l'adoption par nos députés d'une constitution aussi étique donne cet éclat aux joues d'une jolie allemande, cela me rend moins sévère pour elle!

ÉVA. Une Allemande peut se réjouir de voir l'Allemagne sauvée. Après avoir accolé pendant trois ans l'adjectif «perdue» au mot Allemagne, il est doux de le changer par son contraire.

BARON VON ZELTEN. Les épithètes contraires sont les plus facilement interchangeables, cousine, surtout quand elles s'appliquent au mot Allemagne. Tu as à me parler?

ÉVA. Pourquoi as-tu voté tout à l'heure contre le projet Siegfried?

BARON VON ZELTEN. Le projet Siegfried! Ne dirait-on pas que j'ai voté contre les Walkyries et toute la légende allemande!...* Parce qu'il t'a plu, voilà sept ans, dans ton hôpital, de baptiser du nom de Siegfried un soldat ramassé sans vêtements, sans connaissance, et qui n'a pu, depuis, au cours de sa carrière politique et de ses triomphes, retrouver ni sa mémoire ni son vrai nom, tout ce qu'il peut dire ou faire jouit du prestige attaché au nom de son parrain!... Qui te dit que ton Siegfried ne s'appelait pas Meyer avant sa blessure, et que simplement je n'ai pas voté contre le projet Meyer?

ÉVA. C'est tout cela que tu venais dire dans sa propre maison?

ZELTEN, *détournant la conversation*. La dernière fois que je t'ai vue, Èva, il y a six ans, tu enseignais à ce bébé adulte, à l'institut de rééducation, les mots les plus simples : chien, chat, café au lait. Aujourd'hui, c'est de lui que tu apprends à prononcer les mots ravissants de Constitution, Libéralisme, Vote plural,* peut-être Volupté. Non?

ÉVA. Le mot Allemagne, oui.

ZELTEN. L'Allemagne de ton Siegfried! Je la vois d'ici. Un modèle de l'ordre social, la suppression de ces trente petits royaumes, de ces duchés, de ces villes libres, qui donnaient une résonance trente fois différente au sol de la culture et de la liberté, un pays distribué en départements égaux dont les seules aventures seront les budgets, les assurances, les pensions, bref une nation comme lui théorique, sans mémoire et sans passé.* Ce fils du néant a une hérédité de comptable, de juriste, d'horloger. Imposer la constitution de ton élève à l'Allemagne, c'est faire avaler un réveille-matin au dragon de Siegfried, du vrai, pour lui apprendre à savoir l'heure!

ÉVA. Avec Siegfried, l'Allemagne sera forte.

ZELTEN, *impétueux*. L'Allemagne n'a pas à être forte. Elle a à être l'Allemagne. Ou plutôt elle a à être forte dans l'irréel, géante dans l'invisible. L'Allemagne n'est pas une entreprise sociale et humaine, c'est une conjuration poétique et démoniaque. Toutes les fois que l'Allemand a voulu faire d'elle un édifice pratique, son œuvre s'est effondrée en quelques lustres. Toutes les fois où il a cru au don de son pays de changer chaque grande pensée et chaque grand geste en symbole ou en légende, il a construit pour l'éternité!

ÉVA. Cette éternité est finie. . . .

ZELTEN. Finie, Éva! Au lieu de promener Siegfried dans les cités modèles, amène-le seulement là-bas, sur les premiers contreforts de nos Alpes. Va surprendre l'aube avec lui. Tu y verras si l'Allemagne du Saint Empire ne survit pas dans l'air gelé, à cette heure, où les ruisseaux, tout en glace, sont sillonnés d'une rigole à leur thalweg* où l'on ne rencontre encore que les humains et les animaux qui n'ont pas changé depuis Gustave

Adolphe,* les belettes, les chevaux pie, les courriers à voiture jaune* dont le cor fait surgir entre deux volets qui s'entr'ouvrent la joue droite et le sein d'une chambrière. Tu y verras le paysage même de notre Allemagne d'autrefois, de conjuration et de travail, de pillage et de sainteté, si chargé à la fois de poésie et de vérité, que tu t'attendras à apercevoir soudain, flottant dans l'air, comme dans les gravures du moyen âge, un gros petit enfant céleste, tout nu ou des mains seules priant.... * C'est là, l'Allemagne....

ÉVA. Je suis pressée. Que veux-tu?

ZELTEN. Je peux voir Siegfried?

ÉVA. Pourquoi?

ZELTEN. C'est mon affaire.

ÉVA. Il n'est pas visible pour toi.

ZELTEN. Il repose?

ÉVA. Ne fais pas l'ignorant. Tu sais à quoi il se prépare.

ZELTEN. Je le devine!... Il se rase. Il met un col bas, il rafraîchit sa chevelure; pour cette heure qui va lui donner, pense-t-il, une famille, il fait une toilette de condamné à mort. Les entrevues précédentes ne l'ont pas découragé? Il espère encore?

ÉVA. Il espère, ne t'en déplaise.

ZELTEN. Et toi, tu espères?

ÉVA. Évidemment.

ZELTEN. Tu n'es pas sincère.

ÉVA. Zelten!

ZELTEN. Ne seras-tu pas désolée le jour où l'un de ces visiteurs viendra retirer ton élève de ce domaine idéal pour en faire un simple Bavarois, un vulgaire Prussien? Un père, à cet Allemand créé sans matière première! Toutes les vierges de l'Allemagne l'ont déjà reconnu comme leur enfant légitime.... Qui me dit d'ailleurs qu'il ne joue pas lui-même un jeu?

ÉVA. Tu es fou?

ZELTEN. C'est à son mystère que Siegfried doit sa popularité! Celui que l'Allemagne regarde comme son sauveur, celui qui prétend la personnifier, lui est né soudain voilà six ans dans une

gare de triage, sans mémoire, sans papiers et sans bagages. Les
peuples sont comme les enfants, ils croient que les grands
hommes arrivent au monde par un train . . . Au fond, l'Allemagne est flattée que son héros ne soit pas dû aux épanchements
peu sacrés d'un couple bourgeois. Un juriste qui naît comme
meurt un poète, quelle aventure! Son amnésie a donné à ton
Siegfried tous les passés, toutes les noblesses, et aussi, ce qui
n'est pas inutile non plus à un homme d'État, toutes les rotures.
Qu'il retrouve famille ou mémoire, et il redeviendra enfin
notre égal . . . J'espère, moi, et j'ai de bonnes raisons de croire
que ce moment n'est pas loin.

ÉVA. Que veux-tu dire?

ZELTEN. Ce court-circuit, qui a enlevé Siegfried à sa vie véritable,
c'est peut-être un ouvrier bien inattendu qui va le réparer. . . .

ÉVA. Que sais-tu sur Siegfried? Prends garde, Zelten. . . .

MUCK, *entrant.* Mademoiselle, c'est l'heure pour la visite.

Éva monte sans dissimuler son inquiétude.

ÉVA. Reconduis Monsieur de Zelten.

SCÈNE III

ZELTEN. MUCK

MUCK. C'est toujours pour demain, Monsieur le baron?

ZELTEN. Oui, Muck.

MUCK. A quelle heure?

ZELTEN. A la fin de l'après-midi. Signal: deux coups de canon.
Écoute, Muck. On va sonner. Tu verras deux étrangers, deux
Français. Tu sais reconnaître des Français en voyage. . . .

MUCK. Naturellement, à leur jaquette.

ZELTEN, *lui glissant un billet dans la main.* Tu t'arrangeras pour
qu'ils entrent. C'est d'eux que dépend la journée de demain. . . .
Cela t'ennuie de bien recevoir des Français?

MUCK. Pourquoi? Aux tranchées, entre les assauts, nous bavardions quelquefois, avec les Français. Il est dur de se taire quand on se tait depuis des mois. Nos officiers ne parlaient guère. Nos familles étaient loin. . . . Nous n'avions qu'eux. . . . Parfait, je les cacherai.

ZELTEN. Garde-t'en bien. Qu'ils attendent dans cette salle. L'un de ces Français est une Française. Préviens-moi aussitôt. Dès que je les aurai vus, annonce à Siegfried qu'une institutrice canadienne demande une audience. (*Sonnerie.*) On sonne?

MUCK. Il faut que j'appelle les parents. Monsieur Siegfried va descendre.

ZELTEN. A tout à l'heure.

SCÈNE IV

MUCK. LES PARENTS

Muck ouvre la porte et fait entrer les parents. Troupe bigarrée et morne.

MUCK. Monsieur l'architecte municipal Schmidt!

M. SCHMIDT. Présent.

MUCK. Vous pouvez poser votre chapeau, Monsieur l'architecte municipal.

M. SCHMIDT. J'aimerais mieux le garder. . . . C'est un chapeau d'avant la guerre. . . . Je me suis habillé un peu comme autrefois. . . .

MUCK. A votre aise. . . . Madame la rentière Hoepfl!

Mme HOEPFL. Me voici.

MUCK. Vous avez votre lettre de convocation?

Mme HOEPFL. Je vous l'ai montrée, avec la photographie. . . .

MUCK. C'est exact. Celui qui a le bec de lièvre? (*Se reprenant.*) Le soupçon de bec de lièvre. . . . Monsieur le relieur Keller!

M. KELLER. Présent. . . . J'ai la vue faible, Monsieur l'huissier. J'ai pris la liberté d'amener Monsieur Kratz, notre voisin et apothicaire, qui aimait beaucoup Frantz.

M. KRATZ, *se présentant humblement.* Spécialiste Kratz.

M. KELLER. Monsieur Kratz le gâtait. On faisait pour Frantz plus de bonbons que de remèdes dans cette pharmacie. L'un d'eux est devenu une spécialité connue.

M. KRATZ, *s'inclinant.* Le sucre de pomme Kratz. J'ai apporté ce paquet pour Monsieur Siegfried. . . . En tout état de cause. . . . Je ne le remporterai pas.

MUCK. Madame et Monsieur Patchkoffer. . . . (*Un paysan et une paysanne s'approchent.*) Je vous ai écrit, Madame Patchkoffer! Il me semblait que votre voyage n'avait pas beaucoup de raison. Vous disiez dans votre lettre que votre fils est petit et brun. Monsieur Siegfried est grand et blond.

M. PATCHKOFFER. Nous avons déjà vu des bruns à Berlin, à la clinique de rééducation.

M. KELLER. Mais la taille, Madame?

Mme PATCHKOFFER. Nous avons vu tous les petits aussi, n'est-ce pas Patchkoffer?

MUCK. Bien, bien.

Mme PATCHKOFFER. S'il n'avait pas changé, il serait déjà retrouvé. . . .

MUCK. Monsieur Meyer!

M. MEYER. C'est moi. . . . Comment cela se passe-t-il, Monsieur l'huissier?

MUCK. Comment cela se passe? Rassurez-vous. Rapidement. Vous allez entrer dans cette baie. Monsieur Siegfried descendra par cet escalier. On allumera au-dessus de lui un lustre. Les myopes pourront l'approcher, les incrédules le toucher, et, au bout de cinq minutes, permettez-moi de vous le dire, vous repartirez lamentablement . . . Voilà du moins comment cela s'est passé jusqu'à ce jour, mais je vous souhaite meilleure chance.

MEYER. Merci. . . . Vous dire que j'aie l'espoir de retrouver mon pauvre Ernest, si complaisant, mais toujours le dernier en classe, dans le premier homme d'État de notre pays, mon Ernest si bon, mais qui trouvait le moyen de se faire prendre en grippe par tous ses professeurs, dans celui qui est devenu en quelques mois le favori de l'Allemagne; ce serait vraiment mentir. . . . Frise-t-il,* Monsieur?

Sonnerie à la porte d'entrée.

MUCK. Entrez, Mesdames et Messieurs.

Les parents entrent dans la salle de gauche. Muck va ouvrir, introduit Geneviève et Robineau, les salue obséquieusement, et disparaît avec un sourire d'entente.

SCÈNE V

GENEVIÈVE. ROBINEAU

GENEVIÈVE. Où sommes-nous enfin, Robineau?

ROBINEAU. Au kilomètre onze cent cinquante de Paris, Geneviève, devine.

GENEVIÈVE. Quel froid! Tout ce que je devine, c'est que ce n'est pas à Nice! Où sommes-nous?

ROBINEAU, *qui essuie son binocle, dos à la baie et près de la rampe.* Tu vois la ville entière de cette fenêtre. . . . Regarde. . . . Je vais tout t'expliquer. Que vois-tu?

GENEVIÈVE. Ce n'est pas Nice. . . . Je vois à ma droite un burg avec des échauguettes, des bannières et des ponts-levis.

ROBINEAU, *toujours tourné vers le public, parlant comme à lui-meme, mais haut.* C'est le National Museum!

GENEVIÈVE. Je vois devant moi un temple grec, au milieu des cèdres, tout couvert de neige.

ROBINEAU. C'est l'Orpheum! . . .

GENEVIÈVE. A ma gauche enfin, un building de dix étages, percé de verrières en forme de licorne.

ROBINEAU, *de plus en plus lyrique.* C'est le Panoptikum! . . .

GENEVIÈVE. Et enfin, en contre-bas, un palais florentin à fresques et arcades.

ROBINEAU. Le palais de Maximilien!

GENEVIÈVE. Le Maximilianeum,* sans doute?

D

ROBINEAU. Tu l'as dit!

GENEVIÈVE, *se retournant.* Où sommes-nous, Robineau?

ROBINEAU. Mais à Gotha, Geneviève, nous sommes à Gotha! La ville même où j'ai rencontré Zelten voilà quinze ans, un jour de carnaval. Il était déguisé en Zoulou, moi en Alcibiade.* Aucun préjugé de nationalité à la base de notre sympathie.

GENEVIÈVE. Que cherchais-tu à Gotha?

ROBINEAU. Que venaient faire les Français en Allemagne avant la guerre? De la philologie. Je faisais partie de ce raid de douze sorbonnards* que la France lâcha victorieusement, aussitôt après Agadir,* sur les dialectes saxons. Je suis un des douze Français cités dans toutes les histoires allemandes du moyen âge. Tu peux chercher dans leurs histoires des temps modernes. Tu n'y trouveras pas le nom de douze de nos généraux.

GENEVIÈVE, *qui s'est assise.* Et ici, chez qui sommes-nous?

ROBINEAU. Je l'ignore. On vient, d'ailleurs!

Ce sont les parents qui repassent. Tristement. Échange lamentable de salutations.

GENEVIÈVE. J'ai peur, Robineau.

ROBINEAU. Peur. De quoi?

GENEVIÈVE. D'être ici. . . . D'avoir quitté hier soir, si brusquement, ma rue du Bac* et d'être ici.

ROBINEAU. Qu'as-tu à craindre? Zelten m'a fait remettre des passeports de Canadiens. Si tu sens sur toi des regards soupçonneux, sors une expression de Québec, appelle un orchestre une bande, un wagon-restaurant un char réfectoire. Je t'ai fait une liste de ces idiotismes. Tu as froid, tu trembles?

GENEVIÈVE. Une Canadienne ne tremble pas de froid. C'est de peur, Robineau.

ROBINEAU. Ce n'est pas vrai, tu es le courage même.

GENEVIÈVE. Justement, c'est une peur de personne courageuse que j'éprouve. Je me suis reproché toute la nuit, dans ce rapide, de t'avoir obéi.

ROBINEAU. Zelten m'adjure depuis plusieurs jours, par vingt télégrammes, de te rechercher, de t'amener de gré ou de force, aujourd'hui, dans cette maison. Il assure, à trois francs le mot, qu'il s'agit de ce qui t'intéresse le plus au monde. Il affirme que le sort même des relations de la France et de l'Allemagne peut dépendre de ton voyage. C'est quelque chose, les relations de la France et de l'Allemagne pour qui étudie, comme moi, le ch aspiré dans les régions rhénanes!... Qu'est-ce qui t'intéresse le plus au monde?

GENEVIÈVE. Au monde? Rien. Depuis la mort de Jacques, depuis sa disparition du monde? Rien. C'est d'ailleurs pour cela que je t'ai écouté.

ROBINEAU. Pourquoi as-tu peur, alors?

GENEVIÈVE. Parce que c'est la première fois de ma vie, je crois, que je reçois une nouvelle.

ROBINEAU. Les malheurs ne t'ont pourtant pas manqué?

GENEVIÈVE. Mes malheurs jusqu'ici me sont du moins arrivés dans le silence. Je n'ai pas de parents: c'est seulement par le silence de toute mon enfance, à force de silence, par des télégrammes ininterrompus de silence, que j'ai appris mon état d'orpheline.... J'ai aimé Jacques Forestier? Dès le début de la guerre, il disparaît. Jamais depuis sept ans, je n'ai reçu un mot de lui, une indication de sa mort. Voilà la première fois que le sort daigne s'occuper de moi et m'avertir. J'ai peur.... D'ailleurs tu n'as pas l'air très à ton aise non plus, Robineau.

ROBINEAU, *qui paraît en effet très nerveux.* Je ne le suis pas.

GENEVIÈVE. Qu'y a-t-il?

ROBINEAU, *avec inquiétude.* Il y a que pour la première fois depuis la guerre, Geneviève, je vais retrouver un ami allemand, toucher de mes mains un ami allemand! Depuis sept ans, je n'ai plus vu l'amitié sous ce visage. Je me demande ce qu'elle va être?

GENEVIÈVE. Tu l'aimais, ton Allemand?

ROBINEAU. Zelten n'est pas ce que tu appelles mon Allemand, à moins que ce ne soit au contraire le seul Allemand qui subsiste.* Il a tous ces défauts sonores et voyants* dont on ornait chez nous les Allemands avant 1870, les cheveux blonds, l'intimité avec les chimères, les distances avec les réalités,* l'emphase sincère, et dont il va bien falloir doter un autre peuple, s'ils s'entêtent à brûler nos villes et à se raser le crâne.* Tu l'as vu d'ailleurs, Zelten, à Montparnasse? Pour une sculptrice comme toi, c'était un beau modèle!

GENEVIÈVE. Beau modèle? Il avait un côte en moins, à en juger par sa démarche.

ROBINEAU. Il se l'était cassée en plongeant dans le Rhin à l'endroit où s'était suicidé Schumann.*

GENEVIÈVE. Il avait une cheville plus grosse que l'autre.

ROBINEAU. Il avait pris une entorse en sautant du rocher d'où s'était jeté Louis de Bavière. . . .* Il voulait, m'expliquait-il, goûter la dernière minute de chacun des grands hommes de l'Allemagne. Si tu lui trouves le nez brisé ou l'omoplate en large, c'est sûrement la faute de Wagner* ou de Frédéric Barberousse.*

GENEVIÈVE. A moins que ce ne soit celle d'une balle française.

ROBINEAU. N'insiste pas, Geneviève. N'alourdis pas de plomb ces ombres qui vont flotter tout à l'heure autour de nous.

GENEVIÈVE. Ces ombres? Quelles ombres?

ROBINEAU. Nous avons le choix, de Vercingétorix* à Blücher,* pour ne parler que des ombres en uniforme. . . .

GENEVIÈVE. Alors, Robineau. J'aime mieux vous laisser seuls pour cette première rencontre. Je suis lasse, et j'ai vu un divan dans l'antichambre. Appelle-moi si ma présence est nécessaire.

ROBINEAU. Va-t'en! C'est lui!

Muck introduit Zelten.

SCÈNE VI

ZELTEN. ROBINEAU

Ils restent à distance un moment, se contemplant silencieusement à travers toute la scène.

ZELTEN. Voilà!

ROBINEAU. Voilà!

ZELTEN. C'est toi, Robineau, Hippolyte-Amable?*

ROBINEAU. Otto-Wilhelmus von Zelten-Buchenbach, c'est moi.

ZELTEN. C'est toi, brachicéphale brun, surchargé de lorgnons, de gilets de laine, terrible dans les assauts?

ROBINEAU. Oui, crème de culture, beurre de carnage, fils d'Arminius,* c'est moi.

ZELTEN. J'ai l'impression que nous nous parlons de très loin au téléphone, Robineau, qu'un rien suffirait pour couper la communication. . . . Tiens bien l'appareil! . . . Je te vois pourtant. Tu n'as pas changé.

ROBINEAU. Ni toi. . . . Qu'as-tu fait pourtant depuis ces douze ans, Zelten? Toi qui aimais le printemps, la musique, la joie, la paix, qu'as-tu fait?

ZELTEN. La guerre! La guerre contre trente-cinq nations. Le combat contre une seule. . . . Et toi, le porte-lunette, le démocrate paisible des bibliothèques royales et impériales, toi, mon ami le plus cher, depuis douze ans, qu'as-tu fait?

ROBINEAU. La guerre, contre toi. . . .

ZELTEN. Heureusement nous sommes maladroits, Robineau, nous nous sommes manqués. Tu me visais?

ROBINEAU. Plusieurs fois, dans les attaques, en pensant à toi, j'ai levé mon fusil et tiré vers le ciel.

ZELTEN. Tu l'as raté aussi! Il continue ses errements, du moins au-dessus de l'Allemagne. Mais je pensais bien en effet que tu ne t'acharnais pas contre ton ancien ami. Toutes les fois qu'une balle me ratait, je me disais: c'est encore ce brave Robineau qui tire! Toutes les balles qui atteignaient, comme tes paroles d'ailleurs, des objets qui n'avaient rien à faire avec elles, des bouteilles, des poires sur des arbres, je ne pouvais m'empêcher de penser que c'étaient les tiennes. Mon adjudant a été touché une fois à la fesse, tout le monde riait; j'ai pensé à toi. . . . (*Il se rapproche. Affectant la conversation familière.*) Bonjour, Robineau!

ROBINEAU. Bonjour, Zelten.

ZELTEN. Tu vas bien?

ROBINEAU. Pas mal, et toi?

Un silence.

ZELTEN. Que fais-tu maintenant?

ROBINEAU. Je termine ma thèse sur les dentales.*

ZELTEN. Toujours philologue? La voix de la guerre ne t'a pas détourné de nos petits langages?

ROBINEAU. Mais toi, pourquoi m'as-tu appelé? Que veux-tu? Que fais-tu?

ZELTEN. Ce que je fais? Je continue. En Allemagne, l'on continue. Je fais la guerre....

ROBINEAU. La guerre?

ZELTEN. Pas la même, la guerre civile. Je combats contre les vrais ennemis de l'Allemagne. Les pays sont comme les fruits, les vers sont toujours à l'intérieur.

ROBINEAU, *très universitaire.* Tu fais de la propagande, des conférences?

ZELTEN. Non, je fais la révolution. Nous sommes le 12 janvier 1921. Je fais la révolution du 13 ou du 14 janvier 1921.* C'est même pour cette opération que je t'ai appelé à l'aide; tu arrives *in extremis,* mais tu m'es indispensable.

ROBINEAU. J'en doute! Ma présence a toujours fait rater les événements historiques. L'histoire se méfie de moi comme si, au lieu d'être agrégé de grammaire,* j'étais agrégé d'histoire.

ZELTEN. Reste seulement trois jours à Gotha. D'ailleurs ce n'est pas toi seulement que je réclame, c'est Geneviève, c'est surtout Geneviève. Elle est là?

ROBINEAU. Oui. Elle repose. Je l'ai surprise au milieu de la nuit. Elle dort.

ZELTEN. Elle n'a pas maugréé d'être ainsi réveillée?

ROBINEAU. C'est quelqu'un qui ne maugrée jamais. Mais la grippe espagnole sévit à Paris, et elle est sculptrice. On l'avait réveillée deux nuits de suite pour prendre le moulage de mains ou de têtes célèbres.

ZELTEN. C'est pour une opération de ce genre que je l'ai dérangée.

ROBINEAU. Comment, il s'agit d'un mort?

ZELTEN. De quelqu'un qui est à la fois mort et vivant. . . . Tu as entendu parler de notre Siegfried?

ROBINEAU. Du conseiller Siegfried? Certes, comme tout le monde en Europe. Votre nouveau grand homme? Celui qui veut doter l'Allemagne de sa constitution modèle, de son âme précise, comme disent ses partisans.

ZELTEN. Et Forestier, tu connais Forestier?

ROBINEAU. L'écrivain français? L'ami disparu de Geneviève? Je parlais de lui tout à l'heure avec elle. . . . Je ne connais que son œuvre. Œuvre admirable! C'est lui qui prétendait redonner à notre langue, à nos mœurs, leur mystère et leur sensibilité. Qu'il avait raison! Chaque fois que je lis le roman de la Rose* j'en suis convaincu davantage. . . . Introduire la poésie en France, la raison en Allemagne, c'est à peu près la même tâche.

ZELTEN. Et accomplie par le même homme.

ROBINEAU. Tu dis?

ZELTEN. Siegfried a été trouvé nu, sans mémoire, sans langage, dans un amas de blessés. Je soupçonne que Siegfried et Forestier sont le même homme.

ROBINEAU. Mon cher Zelten, les grands hommes morts changent de planète, non de nation.

ZELTEN. Tu ne sais pas voir, mais tu sais lire. A la place de Saint Thomas,* tu aurais été convaincu non par les mains de Jésus mais par son autographe. Après avoir lu les œuvres de Forestier, lis donc celles de Siegfried! Ce sont les copies des premières. L'inspiration, le style, jusqu'aux expressions, en sont les mêmes.

ROBINEAU. Le plagiat est la base de toutes les littératures, excepté de la première, qui d'ailleurs est inconnue.

ZELTEN. Ah! ces philologues français, quels philologues allemands! J'espérais t'amadouer plus vite par des arguments de ta science. En fait, ce n'est pas la méthode des grands savants qui m'a conduit à la vérité.

ROBINEAU. Je m'en doute. C'est la méthode plus courante, et non moins féconde, des dénonciations anonymes.

ZELTEN. Tu devines tout! Un visiteur anonyme m'a prévenu que Siegfried avait été son voisin à la clinique et qu'il n'était pas Allemand. Son nom, il l'avait même lu sur une plaque d'identité trouvée par lui dans la civière: Jacques Forestier. Je sais: mon drame débute par où finissent les mélodrames, par la croix de ma mère, mais tu vois d'ici ma joie!*

ROBINEAU. Je la vois! Changer un homme d'État que l'on hait en un écrivain que l'on aime, c'est une chance.

ZELTEN. Se débarrasser sur une autre patrie d'un grand homme qui encombre le vôtre, c'est une chance plus grande encore. J'ai fait mon enquête. J'ai besoin qu'elle aboutisse aujourd'hui et nous allons en avoir le cœur net dans une minute.

ROBINEAU. Le cœur net, Zelten? Quel cœur? Pas le cœur de Geneviève, en tout cas? Que fais-tu?

Zelten a sonné Muck qui entre.

ZELTEN. Muck. Préviens le conseiller Siegfried que l'institutrice canadienne demande à lui parler.

Muck s'incline et monte.

ZELTEN. Voilà! Nous n'avons plus qu'à attendre. Siegfried adore les universitaires étrangers, surtout ceux du nouveau monde. Il les interroge avec passion sur les conseils académiques, sur le règlement des prisons, sur l'éducation mixte. Attiré par ces appâts irrésistibles, il va descendre dans une minute pour voir Geneviève.

ROBINEAU. Descendre? Pourquoi descendre?

ZELTEN. Nous sommes dans sa maison. Il est là, au premier. . . . Appelle Geneviève.

ROBINEAU. Jamais de la vie. Il faut les préparer. . . . On tue les somnambules quand on leur crie leur nom, même dans une langue étrangère.

Geneviève paraît.

ZELTEN. Ne l'appelle pas, la voilà. Le personnel du destin obéit sans sonnettes.

SCÈNE VII

GENEVIÈVE. ZELTEN. ROBINEAU

GENEVIÈVE. Alors, Monsieur de Zelten, qu'y a-t-il?

ROBINEAU. Rien, Geneviève. Nous te dirons cela demain.

GENEVIÈVE. Qu'y a-t-il, Monsieur de Zelten?

ZELTEN. Pouvons-nous vous parler de ce qui peut vous causer le plus de peine, le plus de tristesse?

GENEVIÈVE, *tournée vers Robineau*. Ah!

ROBINEAU. Oui!

GENEVIÈVE. De Jacques?

ZELTEN. Oui, de Forestier. . . . Pouvons-nous vous parler de lui? N'en souffrirez-vous pas?

GENEVIÈVE, *très simple, douce*. Parlons de Forestier. On a retrouvé son corps? On veut que je le reconnaisse? Qu'ai-je dit, Monsieur de Zelten? Pourquoi ces regards?

ZELTEN. Je suis toujours sous le charme chaque fois que je vois une créature humaine arriver dans un événement grave avec la voix et les gestes qu'il faut.

GENEVIÈVE, *s'asseyant presque souriante entre Zelten et Robineau debout*. Oui, je sais, on me l'a dit. J'ai tout ce qu'il faut pour recevoir dignement la nouvelle de la mort de mon fils, ou de ma mère, ou de la faillite frauduleuse de mon père. . . . Le malheur, le vrai malheur, est que je n'ai jamais eu ni parents, ni enfants. La tragédie n'arrive pas à m'embaucher. Je serais une Phèdre* sans beau-fils, sans mari et sans scrupules, une Phèdre enjouée. Il ne reste plus grand chose pour la fatalité.

ZELTEN. Et Forestier?

GENEVIÈVE. Justement, Forestier. . . . Nous nous sommes aimés deux ans, de 1912 à 1914. On aurait pu croire que j'allais avoir à porter le souci de ses campagnes, le chagrin de sa mort, hériter de sa gloire. . . . Mais vous pensez bien que j'ai été éloignée d'un destin aussi précis: nous nous sommes brouillés un mois avant la guerre. Par une légère, légère brouille, le destin m'a épargné d'être brouillée avec la vie, d'être en deuil. . . . A la base de chaque deuil, il y a une chance que je n'ai jamais eue.

ZELTEN. Pourquoi ne vous êtes-vous pas réconciliés au début de la guerre?

GENEVIÈVE. Je comptais, il comptait sur les cinq jours de permission. . . . Comptons maintenant sur les religions à vie future. D'ailleurs, j'ai toujours évité les fonctions officielles. . . . Je suis enfant naturelle. . . . J'aurais détesté être veuve.

ZELTEN. Il n'est pas mort. Il n'est que disparu!

GENEVIÈVE. Disparu et reparu. Tous ces os des grands hommes engouffrés par la terre et qu'elle redistribue en marbre aux quatre coins de leur patrie, ont déjà reparu. Il a sa tête en granit sur une place de Limoges, sa main droite en albâtre tenant un laurier à Orléans.*

ZELTEN. Il est disparu, il peut reparaître.

GENEVIÈVE. Croyez bien que je me le dis quelquefois.

ZELTEN. Vous avez des pressentiments?

GENEVIÈVE. Au contraire. Rien. Jamais il ne vient dans mes rêves. Jamais il ne m'obsède dans mes insomnies. Aucune de ces nouvelles que donnent les morts ne m'est parvenue de lui. . . .

Muck repasse, s'incline devant Zelten. L'agitation de Robineau s'accroît. Silence angoissant pendant lequel on entend une porte s'ouvrir sur le palier d'en haut.

ZELTEN. Et s'il revenait, s'il descendait soudain de là-haut, par cet escalier?

GENEVIÈVE, *souriant*. Je suis brouillée avec lui.

On entend la voix de Siegfried.

ZELTEN. Écoutez!

GENEVIÈVE. Quoi? Que voulez-vous dire? Mais, c'est la voix de Jacques! . . . (*En haut la voix se tait*). C'était la voix de qui?

ZELTEN. Du maître de la maison. Du conseiller Siegfried.

GENEVIÈVE, *allant vers l'escalier et criant*. Jacques! . . .

Silence.

GENEVIÈVE, *revenant*. Expliquez-moi. . . .

ROBINEAU. Zelten croit avoir découvert que Siegfried, qu'on a trouvé jadis sans mémoire dans une gare de blessés n'est autre que Forestier.

Siegfried ouvre la porte.

GENEVIÈVE. Qui descend là?

ZELTEN. Lui, Siegfried.

GENEVIÈVE, *n'osant pas regarder, se parlant à soi-même.* Ce n'est pas son pas!... Ou bien il porte un lourd fardeau!... Si. C'est son pas quand il me portait.... Que porte-t-il donc de plus lourd que moi encore? C'est sa voix! C'est son ombre! (*Siegfried paraît au bas de l'escalier, accompagné par Éva.*) Ah! C'est lui!

Zelten disparaît joyeux.

ROBINEAU. Silence! Tu peux le tuer.

Elle recule au fond de la pièce. Siegfried congédie Éva d'un signe amical.

GENEVIÈVE. Comme te voilà habillé, Jacques!

SCÈNE VIII

SIEGFRIED. GENEVIÈVE. ROBINEAU

Siegfried se dirige droit vers Geneviève qui s'est réfugiée au fond près de la baie. Il la salue à l'allemande, tapant légèrement les talons.

SIEGFRIED, *se présentant.* Geheimrat* Siegfried.

Geneviève incline la tête.

SIEGFRIED. Je vous croyais une vieille, très vieille dame. Je n'ose plus dire mon projet.

Geneviève le regarde toujours.

SIEGFRIED. Je ne me trompe pas?... Vous êtes cette dame canadienne française, qu'on vient de m'annoncer?

Geneviève hoche affirmativement la tête.

SIEGFRIED. Vous me comprenez bien? Je sais que mon français n'est pas courant, n'est pas libre.... C'est à cause de lui que j'ose d'ailleurs vous parler. J'aimerais prendre des leçons.... Tous les soirs vers six heures, je me donne une heure de repos.... Me rendriez-vous le service de venir à ce moment? Dès demain?

ROBINEAU. Accepte.

Geneviève incline le tête.

SIEGFRIED. J'espère que ce n'est pas avec une dame muette que je vais prendre mes leçons?

ROBINEAU. Rassurez-vous, Monsieur. Mais Madame hésite. . . .

SIEGFRIED. Madame est votre femme? Je m'excuse alors. . . .

ROBINEAU. Oh! non, Madame est une amie, mais elle n'a jamais donné de leçons. Elle se demande si elle en est capable. (*S'embrouillant.*) Le canadien français présente avec le français de notables différences. Un tramway, nous l'appelons un char, à Québec. Un pardessus, un linge.

SIEGFRIED, *qui est venu vers lui.* La neige, comment s'y appelle-t-elle?

ROBINEAU. La neige? Nous disons la neige. . . . Pourquoi la neige?

SIEGFRIED. Et l'hiver?

ROBINEAU. L'hiver? . . . Comme l'été. . . . Je veux dire : les saisons ont le même nom qu'en France.

SIEGFRIED. Alors cela me suffira. Je n'ai pas besoin de vocabulaire plus précis. . . . Tant pis, si je prends l'accent de Québec. (*D'un geste, il invite Geneviève à s'asseoir. Comme elle semble ne pas comprendre, il se retourne vers Robineau.*) La vie devient une spécialité tellement exagérée que j'ai besoin pour m'en reposer de conversations larges, et sur de larges sujets. Avec ses grands fleuves, ses grandes saisons, c'est juste le français canadien qu'il me faut. . . . Et le silence, Mademoiselle, comment dites-vous cela au Canada?

GENEVIÈVE, *lentement, comme en rêve.* Et en allemand?

Il va vers Geneviève, qui se dérobe.

SIEGFRIED. Stille! Silentium!

GENEVIÈVE. Cela se dit silence.

SIEGFRIED. Comme les mots qui vous viennent d'un pays nouveau et ouvert sont eux-mêmes ouverts, purs!

ROBINEAU. Pardon. Ce sont là malgré tout des mots français.

SIEGFRIED. Français, certes, mais dans votre bouche, ils ont fait un détour par l'inconnu. Jamais le mot neige n'a touché en France autant de neige qu'au Canada. Vous avez pris à la France un mot qui lui servait à peine quelques jours par an et vous en avez faite la doublure de tout votre langage.

GENEVIÈVE. A demain. (*Très vite, comme Siegfried est déjà près de la porte.*) Comme te voilà habillé Jacques!

SIEGFRIED. Vous me parlez? . . . Je comprends d'ailleurs très mal, quand vous parlez aussi vite.

GENEVIÈVE. A quelle vitesse faudra-t-il vous parler demain?

SIEGFRIED. Essayons. . . . Récitez-moi quelque tirade classique. Je vous dirai quand je cesserai de comprendre. Réglons notre vitesse.

GENEVIÈVE, *après avoir réprimé un élan vers lui, d'abord lentement, puis très vite, à la fin presque défaillante*. Quand le printemps venait, quand les premiers tilleuls du boulevard Saint-Germain ouvraient leurs feuilles, nous descendions tous les deux vers cinq heures, au Café de Cluny. Tu commandais un Chambéry-Fraisette.* A six heures, tu regagnais l'Action Française* où tu écrivais un compte-rendu royaliste de la Chambre, et j'allais te prendre à huit à la Lanterne* oú tu terminais le compte-rendu socialiste du Sénat. Voilà deux ans de notre vie, Jacques.

SIEGFRIED. Un peu vite. Je comprends les mots. Pas le sens. . . . La tirade est longue. C'est une tragédie, une comédie?

ROBINEAU. Tous les genres se mêlent dans le théâtre moderne.

SIEGFRIED. A demain, Mademoiselle, je suis sûr que nous trouverons notre langage, entre ce silence unique et cette parole accélérée. Je me fais une joie de cette séance. . . .

Il salue en joignant les talons.

GENEVIÈVE, *contenue*. Jacques!

ÉVA, *apparaissant au palier*. Siegfried!

SIEGFRIED, *désignant d'un large geste Éva et s'excusant avec un sourire*. On m'appelle!

RIDEAU

ACTE DEUXIÈME

Salle de travail chez Siegfried. Ameuble-
ment dans ce style sécession* qui a été
remplacé depuis en Allemagne par le style
américain. Large baie givrée. La neige
tombe. Du voisinage arrivent pendant
tout l'acte les échos d'un piano sur lequel
s'exerce quelque virtuose allemande. Au
lever du rideau, le général de Fontgeloy, en
uniforme noir et blanc, est debout et semble
attendre. Sonnerie. Éva paraît, guide
le général dans un couloir, puis va ouvrir.

SCÈNE I

GENEVIÈVE. ROBINEAU

ROBINEAU. C'est pour la leçon, Mademoiselle.

ÉVA. Je préviens Monsieur le Conseiller.

Elle sort.

Silence. Geneviève montre d'un geste la pièce à Robineau.

GENEVIÈVE. Je ne me représentais vraiment pas ainsi le temple de l'oubli.

ROBINEAU. C'était mieux, chez Forestier?

GENEVIÈVE. Exactement le contraire.

ROBINEAU, *un peu vexé*, *car toute cette atmosphère allemande au contraire l'enchante.* Qu'appelles-tu le contraire? Forestier n'avait pas de fauteuil, de bureau?

GENEVIÈVE. Le contraire! Les fauteuils étaient juste le contraire de ces fauteuils, la table de cette table . . . la lumière était le contraire de cette lumière. . . .

ROBINEAU. Ces meubles, ma petite, sont de Kohlenschwanzbader.

GENEVIÈVE. Je l'aurais parié. . . .

ROBINEAU. Ces bustes, de Weselgrosschmiedvater.*

GENEVIÈVE. Je n'en suis point surprise. Et l'électricité, de qui est-elle?

ROBINEAU. Qu'est-ce qui te surprend alors?

GENEVIÈVE. Jusqu'à mon entrée dans cette maison, voilà une minute, je ne parvenais pas à imaginer que Forestier fût vivant. Je suis venue avec le sentiment d'avoir à descendre dans quelque asile obscur, dans la pénombre, dans le bureau intermédiaire entre celui que Forestier avait à Paris et celui qu'il aura aux Enfers. . . . J'arrivais pour déplacer une momie. . . . Je descendais dans un caveau royal. . . . Voilà ce que je trouve.

ROBINEAU. Tu y trouves le confortable.

GENEVIÈVE. L'idée du confortable ne m'était pas venue quand je pensais à l'ombre de Forestier. J'ai eu tort en effet, depuis hier, de continuer à croire qu'il vivait sans chaises, sans pendule, sans encrier. . . . Mon Dieu, on le fait écrire à l'encre rouge, il hait cela! Et le cigare, il fume le cigare maintenant! Il déteste le cigare. Je suis sûre qu'ils l'ont obligé aux deux choses dont il a le plus horreur: se promener dans les rues tête nue et porter des bretelles. . . . Courage, Robineau! Nous allons avoir à troubler les habitudes de ce tombeau. . . . Enlève le nécessaire de fumeur, tout d'abord, mets-le où tu voudras.

ROBINEAU. Tu déraisonnes, ces accessoires sont charmants!

GENEVIÈVE. Et pratiques!

ROBINEAU. Mais oui, pratiques. Regarde: tu prends l'allumette dans cet écureuil, tu la frottes sur le dos de Wotan,* et tu allumes la cigarette prise à ce ventre de cygne. Les cendres, tu les jettes dans cette Walkyrie et le mégot dans l'ours. . . . Cette ronde d'animaux légendaires ou de héros que les Allemands aiment à mettre en branle pour chacune de leurs fonctions les plus banales, c'est de la vie après tout. C'est comme cette frise de centauresses* en cuivre poursuivies par des gnomes! Ils sont vivants.

GENEVIÈVE. Oui, il va falloir les tuer.

ROBINEAU. Assieds-toi, en tout cas.

GENEVIÈVE. Non, rien de moi ne pactisera avec ces meubles. D'ailleurs la place est retenue. Il y a une inscription sur ce coussin.

ROBINEAU. C'est la mode en Allemagne de broder des proverbes. (*Il s'approche pour lire la devise.*) C'est le coussin qui parle!

> Un rêve dans la nuit,
> Un coussin dans le jour.

GENEVIÈVE. Qu'est-ce qui lui demande quelque chose? Et cette broderie sur le tapis du guéridon. Proverbe encore?

ROBINEAU *lit.* Le Mensonge est le jockey du malheur.

GENEVIÈVE. Tu crois qu'un honnête buffet, d'honnêtes tapis neufs iraient t'offrir d'eux-mêmes ces vieux résidus de la routine humaine? C'est une hypocrisie, ce ramage des tabourets, ce gazouillis des étagères; ou alors qu'ils parlent vraiment, ces meubles, comme dans Hoffmann!* Que le buffet chante des tyroliennes, que le coussin exprime son avis sur le derrière des gens!

ROBINEAU. Assieds-toi d'abord, Geneviève.

GENEVIÈVE. C'est justement quand elle ne parle pas, qu'il me semble la comprendre, ton Allemagne. Cette ville à clochers et à pignons que tu m'as montrée cette nuit, sur laquelle les seules inscriptions étaient les taches de la lune, ce torrent gelé jusqu'au sol, muet par obligation, j'en comprends l'âge, la force, le langage. Que fais-tu là, Robineau?

Robineau place certains objets dans les rayons de la bibliothèque.

ROBINEAU. Des bombes à retardement. Deux livres français que je viens de trouver chez un libraire. Il n'y avait pas grand choix. Là, je place un manuel pour la sélection des alevins* et des truites. Là, le *Mérite des Femmes*, de Legouvé.* Je ne dis pas que l'être de Siegfried en sera aussitôt modifié, mais il les verra, les lira.... Et toi, que comptes-tu faire?

GENEVIÈVE. Je ne sais. Je comptais te demander conseil. C'est grave.

ROBINEAU. C'est très grave. ... Tu pourrais commencer par les imparfaits du subjonctif?

GENEVIÈVE. Je ne parle pas de la leçon de français. Je parle de la révélation que j'ai à lui faire.

Jean Giraudoux

Act I, Scene 8 (end): Robineau (Romain Bouquet), Geneviève (Valentine Tessier), Siegfried (Jean Renoir) and Éva (Lucienne Bogaert) in the original Jouvet production.

ROBINEAU. C'est bien ce que j'entendais.... Crois-moi, Geneviève, j'ai donné dix ans des leçons et aux étrangers les plus variés. Or, quels qu'ils fussent, Scandinaves, Brésiliens, et même si nos relations jusque-là n'avaient été que celles d'élèves à maître, il suffisait que je leur expliquasse nos imparfaits du subjonctif pour que naquît entre nous une sorte de sympathie, de tendre gaieté.... Une ou deux tendresses parfaites, Geneviève, sont nées de ces imparfaits.

GENEVIÈVE. Ne plaisante pas, Robineau. Encourage-moi, raisonne-moi. Rends-toi compte du rôle que je joue. Je cache un poignard sous mon corsage. En somme, que viens-je faire ici? Je viens tuer Siegfried. Je viens poignarder le roi ennemi sous sa tente. J'ai droit à cette confidente qu'on donne dans les drames à Judith* et à Charlotte Corday.* J'ai besoin d'un ami qui me dise ce qu'on leur disait: que le devoir est le devoir, que la vie est courte, toutes ces vérités qui auraient été brodées, dans ce pays, sur les coussins de Socrate* ou de Danton.... * Dis-les-moi!

ROBINEAU. C'est un assassinat sans blessure et sans cadavre.

GENEVIÈVE. Justment! Je vais faire une blessure invisible, répandre un sang incolore. J'ai peur.

ROBINEAU. Ne brusque pas les choses. Le français s'apprend en vingt leçons.

GENEVIÈVE. C'est plus terrible encore. Au lieu d'assassiner Siegfried, tu me conseilles d'empoisonner cet être sans défense.... Que fais-tu là?

ROBINEAU. Je remplace ses cigarettes par du caporal.*

GENEVIÈVE. Oui, tu m'as expliqué ton système, Robineau. Remplacer le peigne de Siegfried par un peigne de Paris, chaque meuble de cette salle par chacun de ses meubles, chaque mets de sa cuisine par un mets français, les champs de houblon par les vignobles,* chaque Allemand par un Français, et le dernier jour enfin Siegfried par Forestier?

ROBINEAU. C'est ma méthode!

GENEVIÈVE. Je me sens incapable de la suivre. Au contraire. Je n'ai pas eu le courage de passer ceux de mes bijoux qu'il

E

connaissait ou qu'il avait choisis. Je n'ai pas pris le parfum qu'il aimait. La mode heureusement nous donne en ce moment des robes qui n'appartiennent à aucune époque trop précise. Jamais nos couturiers n'ont habillé, comme cet hiver, pour l'éternité. Mes cheveux sont coupés depuis qu'il m'a vue. Je n'ai jamais été réduite comme aujourd'hui à un corps peu personnel, à une âme aussi diffuse. Je sens trop que je n'ai de chance d'atteindre Forestier que par ce qu'il y a en moi de moins individuel, de plus subtil. Je mobilise tout ce que j'ai d'idées générales, de sentiments sans âge. J'ai bien peur, cher Robineau, que nous parlions beaucoup moins des subjonctifs que de la vie, de la mort.

ROBINEAU. Mais tu lui diras qui il est?

GENEVIÈVE. Qui est-il maintenant? C'est à savoir. Oh! Robineau, regarde!

Elle montre un portrait encadré.

ROBINEAU. Ce portrait?

GENEVIÈVE. Ce portrait de femme!

ROBINEAU. Calme-toi. C'est un tableau. . . .

GENEVIÈVE. Cher portrait! C'est la femme de Vermeer de Delft.* Ah! Robineau, regarde-la, remercie-la. Je reprends confiance à la voir!

ROBINEAU. Elle te ressemble!

GENEVIÈVE. Il avait déjà une photographie semblable dans son bureau de Paris. C'est sans doute le seul objet commun à sa vie d'autrefois et à sa vie d'aujourd'hui, mais du moins il existe! Rien n'est perdu, Robineau, puisque cette petite Hollandaise a trouvé le moyen de le rejoindre à travers tout ce vide et toute cette opacité!

ROBINEAU. Je te laisse. Tu as ta confidente.

GENEVIÈVE, *qui a décroché le tableau et l'examine.* Le cadre évidemment n'est pas le même. Celui de Forestier était une simple baguette. Celui de Siegfried me semble être de corne, d'ivoire et d'aluminium, avec des angles en auréor. De quel cadre de haute classe va-t-il falloir m'entourer moi-même pour parvenir jusqu'à sa rétine. . . . Tu pars? Une minute encore, au travail.

Prends ces coussins, qu'aucun meuble ne parle pendant ma leçon! Emporte ces fleurs. C'est aujourd'hui la moisson des fleurs artificielles. Que les nains rattrapent les centauresses dans le tiroir.* Là où des Français passent, les ébats entre gnomes et dieux sont interdits.

Elle éteint un lustre.

ROBINEAU. Pourquoi tant d'ombre? On ne se reconnaît pas dans l'ombre.

GENEVIÈVE. Ah! que nous nous reconnaîtrions vite, si nous n'étions tous deux qu'aveugles!

Elle pousse Robineau au dehors. Seule, elle replace le portrait de Vermeer. Elle met devant lui les roses de son corsage.

GENEVIÈVE. Et maintenant, ombre de Forestier, reviens!

Siegfried entre brusquement par la droite.

SCÈNE II

GENEVIÈVE. SIEGFRIED

SIEGFRIED. Bonjour, Madame.

GENEVIÈVE, *surprise, reculant.* Non, Mademoiselle.

SIEGFRIED. Puis-je vous demander votre nom?

GENEVIÈVE. Prat. . . . Mon nom de famille est Prat.

SIEGFRIED. Votre prénom.

GENEVIÈVE. Geneviève.

SIEGFRIED. Geneviève. . . . Je le prononce bien?

GENEVIÈVE. Un peu lentement. Mais pour une première fois. . . .

SIEGFRIED. Je résume. . . . Vous voulez bien que je résume de temps en temps notre conversation? C'est facile, cette fois. Le dialogue a été modèle. Je résume en le moins de mots possible: J'ai devant moi Mademoiselle Geneviève Prat?

GENEVIÈVE. Elle-même.

Elle s'assied.

SIEGFRIED. Que faisiez-vous au Canada?

GENEVIÈVE. Au Canada? Nous avions . . . ce qu'on a là-bas . . . une ferme. . . .

SIEGFRIED. Où cela?

GENEVIÈVE. A la campagne. . . . (*Il rit.*) Près d'une ville. . . .

SIEGFRIED. Quelle ville?

GENEVIÈVE. Quelle ville? Vous savez, on se soucie peu des noms propres au Canada. Le pays est grand, mais tout le monde est voisin. On appelait notre lac, le lac, la ville, la ville. Le fleuve (sûrement vous allez me questionner sur l'immense fleuve qui traverse le Canada), personne là-bas ne se rappelle son nom: C'est le fleuve!

SIEGFRIED. La tâche des postes ne doit pas être facile. . . .

GENEVIÈVE. On s'écrit peu. On se porte soi-même les lettres, en traîneau.

SIEGFRIED. Que faisiez-vous à la ferme?

GENEVIÈVE. Ce qu'on fait au Canada. On s'occupe surtout de neige chez nous.

SIEGFRIED. Je comprends. C'était une ferme de neige, et ce sont là vos vêtements de fermière?

GENEVIÈVE. Nous sommes riches. Nous faisions parfois de très bonnes années, par les grands froids.

SIEGFRIED, *soudain très sérieux.* Pourquoi plaisantez-vous ainsi?

GENEVIÈVE, *riant.* Pourquoi me forcez-vous à me débattre dans un élément qui n'est pas le mien? Non, évidemment, je ne suis pas Canadienne. Qu'est-ce que cela fait pour notre leçon! Remplaçons seulement le positif par le négatif. Je ne suis pas Canadienne. Je n'ai pas tué de grizzly . . . etc. . . . Le profit pour mon élève sera le même.

SIEGFRIED. Qui êtes-vous?

GENEVIÈVE. Compliquons l'exercice. Devinez: je ne tue pas de grizzly, mais je passe pour couper mes robes moi-même. Je ne fais pas de ski, mais ma cuisine est renommée.

SIEGFRIED. Vous êtes Française? Pourquoi le cachez-vous?

GENEVIÈVE. Voilà bien des questions!

SIEGFRIED. Vous avez raison. . . . C'est que je ne suis guère autre chose qu'une machine à question. Tout ce qui passe d'étranger à ma portée, il n'est rien de moi qui ne s'y agrippe. Je ne suis guère, âme et corps, qu'une main de naufragé. . . . On vous a dit mon histoire?

GENEVIÈVE. Quelle histoire?

SIEGFRIED. Ils sont rares, les sujets sur lesquels je puisse parler sans poser de questions : les contributions directes allemandes depuis 1848,* et le statut personnel dans l'Empire Germanique depuis l'an 1000, voilà à peu près les deux seuls domaines où je puisse répondre au lieu d'interroger, et je n'ai pas l'impression qu'il faille vous y inviter.

GENEVIÈVE. Nous verrons, un dimanche! . . . Alors, questionnez.

SIEGFRIED. Je n'aurais pas dû vous demander qui vous êtes! Je vous ai ainsi tout demandé. Un prénom suivi de son nom, il me semble que c'est la réponse à tout. Si jamais je retrouve les miens, je ne répondrai jamais autre chose à ceux qui me questionneront. Oui . . . et je suis un tel. . . . Oui, c'est l'hiver, mais je suis un tel. . . . Qu'il doit être bon de dire : Il neige, mais je suis Geneviève Prat. . . .

GENEVIÈVE. Je serais cruelle de vous contredire. Mais je suis si peu de votre avis! Tous les êtres, je les trouve condamnés à un si terrible anonymat. Leurs nom, prénom, surnom, aussi bien que leurs grades et titres, ce sont des étiquettes si factices, si passagères, et qui les révèlent si peu, même à eux-mêmes! Je vais vous sembler bien peu gaie, mais cette angoisse que l'on éprouve devant le soldat inconnu, je l'éprouve, et accrue encore, devant chaque humain, quel qu'il soit.

SIEGFRIED. Moi seul peut-être je vous parais avoir un nom en ce bas monde!

GENEVIÈVE. N'exagérons rien.

SIEGFRIED. Pardonnez-moi, ces plaintes. Dans tout autre moment, j'aurais aimé vous cacher pendant quelques jours les ténèbres où je vis. La plus grande caresse qui puisse me venir des hommes, c'est l'ignorance qu'ils auraient de mon sort. Je vous aurais dit que je descendais vraiment de Siegfried, que ma marraine venait de prendre une entorse, que la tante de ma tante était de passage. Vous l'auriez cru, et nous aurions obtenu ce calme si nécessaire pour l'étude des verbes irréguliers.

GENEVIÈVE. Nous oublions en effet la leçon. Questionnez-moi, Monsieur le Conseiller d'État, puisque vous aimez questionner. Faites-moi ces questions qu'on pose à la fois aux institutrices familières et aux passants inconnus: Qu'est-ce que l'art? ou: Qu'est-ce que la mort? Ce sont des exercices de vocabulaire pratique excellents.

SIEGFRIED. Et la vie, qu'est-ce que c'est?

GENEVIÈVE. C'est la question pour princesses russes, celle-là. Mais je peux y répondre: une aventure douteuse pour les vivants, rien que d'agréable pour les morts.

SIEGFRIED. Et pour ceux qui sont à la fois morts et vivants?

GENEVIÈVE. Je me refuse à continuer ma leçon dans ce manuel de la désolation. . . . Ouvrons le livre plutôt au chapitre du coiffeur ou des cris d'animaux. Cela ne vous dit donc rien de savoir comment se dénomme en France le cri de la chouette?

SIEGFRIED. Si cela doit vous égayer particulièrement vous aussi, je veux bien. Tout en vous certes est sourire, douceur, gaieté même. Mais au-dessous de tous ces exercices funèbres dont je vous donne la parade, vous tendez poliment je ne sais quel filet de tristesse. Je m'y laisse rebondir.

GENEVIÈVE, *le regardant bien en face, très gravement.* J'ai eu un fiancé tué à la guerre. Ma vie a cessé là où la vôtre commençait.

SIEGFRIED. Je vous plains. . . . Mais je changerais encore.

GENEVIÈVE. Changeons.

SIEGFRIED. Ne parlez pas ainsi. . . . Si vous saviez combien mes yeux et mon cœur sont ravis de sentir au-dessus de vous, en couches profondes et distinctes, ce fardeau d'années d'enfance, d'adolescence, de jeunesse que vous m'avez apporté en entrant dans cette maison. Cette corbeille de mots maternels, ce faix des premières sonates entendues, des premiers opéras, des pre-mières entrevues avec la lune, les fleurs, l'océan, la forêt, dont je vous vois couronnée, comme vous auriez tort de la changer contre celle que l'avenir vous prépare, et d'avoir à dire comme moi devant la nuit et les étoiles cette phrase ridicule: nuit, étoiles, je ne vous ai jamais vues pour la première fois. . . . (*Souriant.*) Vous devez les tutoyer d'ailleurs?

GENEVIÉVE. Mais cette impression vierge, ne pouvez-vous l'éprouver pour bien des sentiments, pour l'ambition, le pouvoir, l'amour?

SIEGFRIED. Non. Je ne puis m'empêcher de sentir tout mon cœur plein de places gardées. Je ne me méprise pas assez pour croire que j'aie pu arriver à mon âge sans avoir eu mon lot de désirs, d'admirations, d'affections. Je n'ai point encore osé libérer ces stalles réservées.* J'attends encore.

GENEVIÈVE, *d'une voix émue.* Vous n'attendrez plus beaucoup.

SIEGFRIED. Je me le dis quelquefois. Le destin est plus acharné à résoudre les énigmes humaines que les hommes eux-mêmes. Il fait trouver dans des pommes des diamants célèbres égarés, reparaître après cent ans l'épave des bateaux dont l'univers a accepté la perte. C'est par inadvertance que Dieu permet des accrocs dans son livre de comptes. Il est terriblement soigneux. Il fera un beau vacarme quand il s'apercevra qu'il y a deux dossiers pour le même Siegfried. Oui, je compte encore sur la bavardise incoercible des éléments. . . . (*La regardant de loin, avec quelque tendresse.*) Vous, humaine, vous vous taisez?

GENEVIÈVE, *très grave.* Je prépare une phrase.

SIEGFRIED. Vous avez raison. Revenons à votre leçon. . . . Revenons à nous.

Il s'approche d'elle, se penche sur elle.

GENEVIÈVE. Vous revenez de loin, mais très près.

SIEGFRIED. Pardon si je m'approche de vous qui m'êtes inconnue, comme je le fais chaque jour vers mon image dans la glace. . . . Quelle douceur j'éprouve à me mettre en face d'un mystère tellement plus tendre et plus captivant que le mien! Quel repos d'avoir à me demander quelle est cette jeune femme, qui elle a aimé, à quoi elle ressemble!

GENEVIÈVE. A qui. . . . Relatif féminin. . . .

SIEGFRIED. Comme on devient vite devin quand il s'agit des autres! Je vous vois enfant, jouant à la corde. Je vous vois jeune fille, lisant auprès de votre lampe. Je vous vois au bord d'un étang, avec un reflet tranquille, d'une rivière, avec un reflet agité. . . . Chère Geneviève, tout n'a pas été gai dans votre vie. Je vous vois jeune femme priant sur la tombe de votre fiancé. . . .

GENEVIÈVE. Non. . . . Il a disparu. . . .

SIEGFRIED. Oh! pardon. . . . C'était un officier. . . .

GENEVIÈVE. Il l'était devenu pendant la guerre. C'est en officier qu'il disparut, vêtu de cet uniforme bleu clair que les ennemis ne devaient point voir et qui nous l'a rendu à nous aussi invisible. . . . Il était écrivain. . . . Il était de ceux qui prévoyaient la guerre, qui auraient voulu y préparer la France.

Elle s'est levée.

SIEGFRIED. Il haïssait l'Allemagne?

GENEVIÈVE. Il eût aimé l'Allemagne pacifique. Il était sûr de sa défaite. Il se préparait à lui rendre un jour son estime.

SIEGFRIED. Que disait-il d'elle? N'ayez pas peur. Je n'ai pas connu cette Allemagne-là. Je suis un enfant allemand de six ans.

GENEVIÈVE. Je ne fais pas de politique.

SIEGFRIED. Ne seriez-vous pas simple?

GENEVIÈVE. Il disait, si je me souviens bien, que l'Allemagne est un grand pays, industrieux, ardent, un pays de grande résonance poétique, où la chanteuse qui chante faux atteint souvent plus le cœur que la chanteuse qui chante juste sous d'autres climats, mais un pays brutal, sanguinaire, dur aux faibles. . . .

SIEGFRIED. Vous disait-il la jeunesse de cet empire bimillénaire, la vigueur de cet art surcultivé, la vie consciencieuse de cette masse qu'on dit partout hypocrite, les trouvailles dans l'âme et dans l'art de ce peuple sans goût?

GENEVIÈVE. Il disait, (oh! parfois du bien, il adorait les trois notes du chant des filles du Rhin,* il aimait votre amour de l'Allemagne), il disait qu'il avait manqué à l'Allemagne, dans ce siècle dont elle était la favorite, d'être simple, de concevoir simplement sa vie. Au lieu de suivre les instincts et les conseils de son sol, de son passé, du fait d'une science pédante et de

princes mégalomanes, il disait qu'elle s'était forgé d'elle-même
un modèle géant et surhumain, et au lieu de donner, comme
elle l'avait fait maintes fois, une nouvelle forme à la dignité
humaine, qu'elle n'avait donné cette fois de nouvelle forme
qu'à l'orgueil et au malheur. Voilà ce que disait Jacques, et il
accusait aussi l'Allemagne d'accuser tout le monde.

SIEGFRIED. Vous disait-il que nous autres Allemands l'accusons de
bien d'autres choses encore, et que c'est presque toujours
d'Allemagne qu'est partie la vérité sur elle? Cette guerre épou-
vantable, vous en a-t-il dévoilé les vraies causes? Vous l'a-t-il
expliquée, sous son aspect implacable, comme elle doit l'être,
comme une explosion dans un cœur surchauffé et passionné?
Vous a-t-il dit cette démence amoureuse, ces noces de l'Allemagne avec le globe, cet amour presque physique de l'univers,
qui poussait les Allemands à aimer sa faune et sa flore plus que
tout autre peuple, à avoir les plus belles ménageries, les plus
hardis explorateurs, les plus gros télescopes, à l'aimer jusque
dans ses minéraux et ses essences? Cette force qui éparpillait
les Allemands sur chaque continent, d'où s'échappaient aussitôt
le fumet des rôtis d'oie, mais aussi la voix des symphonies, vous
l'a-t-il expliquée suffisamment comme une migration d'abeilles,
de fourmis, comme un exode nuptial, votre ami Jacques?

GENEVIÈVE. Jacques! Vous savez son nom?

SIEGFRIED. Vous venez de le dire. . . . Parlez-moi de Jacques. . . .
J'aimerais savoir son nom entier. J'ai encore eu si peu de
camarades étrangers! Laissez-moi en prendre un dans le passé,
dans mon ancien domaine. Son nom?

GENEVIÈVE, *bien en face.* Forestier.

SIEGFRIED. Fo ou Fa?

GENEVIÈVE. Fo. Comme les forêts.

SIEGFRIED. Comment était-il?

GENEVIÈVE. Grand, châtain, souriant. Ces trois mots vagues font
de lui un portrait si précis que vous le reconnaîtriez entre mille.

SIEGFRIED. Vous avez son portrait?

GENEVIÈVE, *après avoir hésité.* Oui, je l'ai.

SIEGFRIED. A votre hôtel?

GENEVIÈVE. Non, là....

On a entendu sonner. Éva ouvre la porte brusquement.

ÉVA. Le Maréchal vous demande, Siegfried. Urgent.

Siegfried s'excuse d'un sourire, salue et sort.

SCÈNE III

GENEVIÈVE. FONTGELOY

Geneviève reste une minute seule, désemparée, face au public. Le général de Fontgeloy entre doucement par le fond. Le bruit des éperons fait retourner Geneviève.

GÉNÉRAL DE FONTGELOY. Et moi, Geneviève Prat, vous me reconnaissez? (*Geneviève le regarde silencieusement.*) Vous ne me trouvez pas un air de famille? (*Geneviève le regarde.*) Grand, brun, Français, sans accent? (*Il la saisit un peu brusquement par les mains.*) Alors qui suis-je?

GENEVIÈVE. Un officier prussien.

FONTGELOY. Erreur! Erreur! Un gentilhomme français. (*Geneviève le regarde.*) Je suis un autre Forestier, ou un autre Siegfried, à votre choix. Mais un Siegfried qui a pu garder son nom et sa mémoire. Mémoire sûre. Depuis deux siècles et demi, elle est intacte. (*Il fait claquer ses talons.*) Jacques de Fontgeloy, dont l'ancêtre fut le premier protestant chassé de France par Louis XIV* et général de la brigade des hussards de la mort.

GENEVIÈVE. Des hussards de la mort?* Cela existe encore?

FONTGELOY. Voilà leur général et leur patronne n'est jamais loin.

GENEVIÈVE. Que me veulent-ils, tous les deux, aujourd'hui?

FONTGELOY. Croyez, Mademoiselle, que vous n'avez rien à craindre, ni de l'un, ni de l'autre. Je viens seulement vous prier de partir, sans attendre le retour de Siegfried. Pas de discussion. Vous venez trop tard pour le prendre à l'Allemagne. Autant vouloir en arracher les Fontgeloy.

GENEVIÈVE. Mon pays est flatté de voir disputer avec cette intransigeance ce qui peut tomber de lui.

FONTGELOY. Tomber? Les Fontgeloy ne sont pas tombés. Ils ont été chassés, congédiés de leur service de Français. Mon aïeul reçut l'ordre un beau matin de quitter avant huit jours ses terres, ses honneurs, sa famille. Il n'attendit pas ce délai de laquais. Il partit aussitôt, mais la frontière une fois franchie, il tua le soir même deux gardes du roi en maraude, ses compatriotes du matin.

GENEVIÈVE. Je vois que ce n'est pas une crise d'amnésie qui a maintenu en Allemagne ses petits neveux.

FONTGELOY Vous l'avez dit. C'est la mémoire. C'est le souvenir du despotisme, de l'inquisition, le dégoût de votre bureaucratie esclave, et de tous ces tyrans dont vous savez servilement les noms dans l'ordre.

GENEVIÈVE. Oui, je les sais, Loubet,* Fallières.*

FONTGELOY. J'abrège. Mon aïeul, planté à la frontière, reçut chaque exilé français, le dirigea selon ses qualités vers la ville prussienne qui manquait de notaire, ou de bourgmestre, ou d'arpenteur, et fortifia la Prusse à ses points faibles. Il restait une place vide. Celui à qui elle revient est trouvé. Il ne partira plus. Je suis chargé par le conseil de mon association de vous le dire. Il restera, ou il mourra. . . .

GENEVIÈVE. A nouveau?

FONTGELOY. Par malheur, ni l'Allemagne, ni la France n'en sont plus, depuis dix ans, à un homme près.* Il mourra du coup que portera cette révélation à une tête encore malade. Il mourra de la main d'un exalté, de la sienne peut-être. Il mourra, et c'est la mort la plus irrémédiable, moralement, déchu soudain de sa force et de sa vie nouvelles. Et maintenant, Mademoiselle, suivez-moi, si vous voulez éviter quelque malheur à Siegfried. J'ai ordre de vous expulser, ainsi que votre ami le philologue, que mes hommes gardent déjà, et qui se plaint, pour les amadouer, en haut saxon du XIIIᵉ siècle.

GENEVIÈVE *s'assied*. Ils sont nombreux, comme vous, en Allemagne?

FONTGELOY. Vous n'êtes pas allemande pour aimer les statistiques? Le 1ᵉʳ août 1914, rien que dans l'armée prussienne, descendants d'exilés ou d'émigrés français, nous étions quatorze généraux, trente-deux colonels, et trois cents officiers. Je parle des gentilshommes. Il y a aussi dans l'intendance un certain nombre de Dupont.*

GENEVIÈVE. Je ne soupçonnais pas aux guerres franco-allemandes cet intérêt de guerres civiles.

FONTGELOY. Guerre civile! Depuis Louis XIV, nous ne sommes plus allés en France qu'en service commandé. Je ne désespère pas de cantonner un jour dans le manoir de Fontgeloy qui subsiste, paraît-il, aux environs de Tours.

GENEVIÈVE. Il subsiste. . . . Sur la route de Chenonceaux. . . .

FONTGELOY. Épargnez-vous sa description.

GENEVIÈVE. Tout y est rose, aristoloche,* et jasmin. Vous y manquez.

FONTGELOY. Aristoloche? Quel est ce mot?

GENEVIÈVE. Un mot secret auquel se reconnaissent les Français du xxᵉ siècle.

FONTGELOY. Pourquoi me regardez-vous ainsi?

GENEVIÈVE. Vous allez sans doute me trouver originale. J'essaye de vous voir tout nu.

FONTGELOY. Tout nu?

GENEVIÈVE. Oui. Laissons une minute vos histoires d'exilés et d'émigrés. Cela n'intéresse plus que vous. Je suis sculpteur, Monsieur de Fontgeloy. C'est le corps humain qui est mon modèle et ma bible, et sous votre casaque, en effet, je reconnais ce corps que nous autres statuaires donnons à Racine et à Marivaux. . . . Ma race, ma race de politesse a bien été taillée sur ce mannequin d'énergie, d'audace,* et, si vous me permettez de parler durement pour la première fois de ma vie, de dureté. . . . Votre front, vos dents de loup sont bien français. Votre rudesse même est bien française. . . . Allons, il ne faut pas s'obstiner à croire que la patrie a toujours été douceur et velours. . . . Mais je n'en ai que plus d'estime pour les deux siècles que vous n'avez pas connus. Ils ont vêtu la France. . . .

Un coup de téléphone. Un coup de canon.

FONTGELOY, *réfléchissant tout haut.* Au canon d'abord.

Il va à la fenêtre. Rien. Il se dirige vers le téléphone.

FONTGELOY. La censure? Quelle censure? L'avancement au choix?*
Quel avancement au choix? La guerre? Quelle guerre?

*Nouveau coup de canon. Pendant que Fontgeloy repose le récepteur
entrent le général von Waldorf et le général Ledinger. Grands
manteaux.*

SCÈNE IV

GENEVIÈVE. FONTGELOY. GÉNÉRAL
WALDORF (Infanterie) et LEDINGER (Artillerie)

WALDORF. Pas la guerre, la Révolution, Fontgeloy!

FONTGELOY. Les communistes?

WALDORF. Non: Zelten.

FONTGELOY. Vous plaisantez!

WALDORF. Zelten vient de prendre d'assaut la Résidence et le
pouvoir.

LEDINGER. Le pouvoir? Façon de parler. Je me demande où
trouver un pouvoir en ce moment dans notre pays.

WALDORF. Épargnez-nous les mots d'esprit. Ledinger! Il a en tout
cas le pouvoir de nous mettre en prison, et nous sommes sur la
liste. J'ai en bas une auto sûre. Siegfried téléphone à Berlin, dès
qu'il aura terminé, nous partons pour Cobourg où cantonne ma
brigade et nous attaquons cette nuit même.

FONTGELOY. Mais quelles troupes peut bien avoir Zelten?

LEDINGER. Les troupes qu'on a dans les révolutions dites libérales.
Les gendarmeries, les sergents de ville, les pompiers, tous
ceux qui sont chargés de l'ordre, avec un fort encadrement cette
fois de cocaïnomanes et de cubistes.*

WALDORF. Je vous en prie, Ledinger. Tous ceux qui, comme vous,
ont été nourris dans certain état-major, ont vraiment une
tendance insupportable à tourner en farce les événements graves!

LEDINGER. Mais pardon, Waldorf, il n'est pas en ce moment
question d'état-major!

WALDORF. Il est toujours question d'état-major.

LEDINGER. Je n'arrive pas à vous suivre.

WALDORF. Cela vous arrive trop souvent dans l'artillerie, même avec des fantassins comme moi. Ce que je veux vous dire, Ledinger, c'est que nous n'en serions pas là, si notre armée avait eu, au moment décisif, un autre chef d'état-major que celui qui vous a laissé ses mots d'esprit en héritage.

LEDINGER. Il était incapable, peut-être?

WALDORF. Non. Il a gagné sur le terrain des batailles que tout autre aurait perdues même sur la carte. Et inversement, d'ailleurs.

LEDINGER. Il était lâche?

WALDORF. La bravoure personnifiée. Je l'ai vu refuser de se faire battre par Schlieffen* lui-même aux manœuvres de Silésie.

LEDINGER. Quel vice avait-il donc, pour encourir votre disgrâce?

WALDORF. Son vice: il avait une mauvaise définition de la guerre! La guerre n'est pas seulement une affaire de stratégie, de munitions, d'audace. C'est, avant tout, une affaire de définition. Sa formule est une formule chimique, qui d'avance, la voue au succès ou la condamne.

LEDINGER. C'est bien mon avis, Waldorf, et la définition de mon maître a fait ses preuves. C'est elle qui a sauvé Frédéric* des Russes, et Louise* de Napoléon. Je la prononce au garde à vous: La Guerre, c'est la Nation. . . .

WALDORF. Voilà la formule qui a perdu la guerre! . . . Et qu'entendez-vous par nation? Sans doute, pêle-mêle, les grenadiers de Potsdam et les caricaturistes des journaux socialistes, les hussards de la mort et les entrepreneurs de cinéma, nos princes et nos juifs?*

LEDINGER. J'entends ce qui, dans une nation, pense, travaille et sent.

WALDORF. Pourquoi ne poussez-vous pas votre formule à son point extrême et ne dites-vous pas: La Guerre c'est la Société des Nations?* . . . Elle serait à peine plus ridicule. Votre définition? C'est la compromission du Grand État-Major avec les classes subalternes du pays; ce qu'elle proclame? c'est un droit

démocratique à la guerre; c'est le suffrage universel de la guerre
pour chaque Allemand. Grâce à cette flatterie, vous avez réussi
à appeler la nation entière à la direction d'une entreprise qui
devait rester dans nos mains, à l'en rendre solidaire; vous avez
fait une guerre par actions, par soixante millions d'actions, mais
vous avez perdu son contrôle. C'est le danger des assemblées
générales. Quels succès pourtant ne vous avait pas préparés la
formule de mon maître et de mon école!... Vous la connaissez,
vous l'avez lue en épigraphe* de tous nos manuels secrets;
il suffit de la prononcer pour que chacun de nous, en tout
temps, soldat, civil, ressente son honneur et sa perpétuelle
utilité: La Guerre, c'est la Paix....

FONTGELOY. Vous vous trompez, Waldorf. Certes j'apprécie tout
ce que votre maître a fait de grand, bien qu'il ait cru devoir
accorder les sous-pieds de hussards au Train des équipages.*
J'apprécie aussi ce que votre définition contient de sain et de
reposant; l'idée de différencier l'état de paix et l'état de guerre,
croyez-moi, n'a jamais effleuré aucun état-major. Mais je ne
connais qu'un mot qui soit égal à ce mot: la guerre, et qui
puisse lui servir de contrepoids dans une définition. Un seul
qui soit digne et capable de présenter ce géant, de lui assurer sa
publicité, et c'est celui, Waldorf, que contient notre définition,
cette formule qui n'a déçu ni nos grands électeurs, ni Bismarck,* et qui est pour le combattant en même temps qu'un
précepte moral, un conseil pratique de toutes les heures et de
toutes les circonstances: La Guerre est la Guerre!

Garde à vous.

WALDORF. Erreur! Erreur! C'est une répétition. C'est comme si
vous disiez que le Général de Fontgeloy est le Général de
Fontgeloy.

FONTGELOY. Exactement! Et dans cette définition que vous voulez
bien donner de moi, il n'y a pas de répétition, vous le savez
vous-même, puisque dans votre bouche cela veut dire: Cet
homme intelligent — puisqu'il est général — est un homme
stupide — puisqu'il n'est pas du vrai état-major.

UN DOMESTIQUE, *entrant.* Le Conseiller Siegfried attend vos Excellences, en bas, dans l'antichambre.

FONTGELOY, *durement à Geneviève*. Le silence est le silence, Mademoiselle.

GENEVIÈVE. Et la mort la mort, sans doute?

FONTGELOY. Exactement.

Ils sortent.

SCÈNE V
GENEVIÈVE. SIEGFRIED

Pendant toute la scène, Geneviève très angoissée regarde involontairement vers le fond, où Fontgeloy apparaît de temps à autre.

Siegfried ouvre la porte, costume de voyage. Il entre doucement.

GENEVIÈVE. Vous avez oublié quelque chose?

SIEGFRIED. N'est-ce pas que j'ai l'air d'avoir oublié à dessein quelque chose, comme ceux qui laissent leur parapluie pour pouvoir revenir?

GENEVIÈVE. Il neige. Je ne connais pas d'objet contre la neige.

SIEGFRIED. Votre prédiction était vraie. La révolution éclate. Mon avenir a rompu d'un coup ses digues, et je m'éloigne pour la première fois enfin du passé. . . . Ne m'en veuillez pas d'avoir oublié à dessein ici, pour vous revoir, mon courage, ma confiance, ma volonté.

GENEVIÈVE. Oublier trois parapluies! Vous faites bien les choses!

SIEGFRIED *s'est mis en face d'elle et la contemple.* Je vous revois!

GENEVIÈVE. Ai-je tant changé depuis un quart d'heure?

SIEGFRIED. Je vous revois! Tout ce que je n'avais pas vu tout à l'heure sur vous, ce que je n'avais vu sur personne, ces lèvres tristes qui en souriant tendent à en mourir la tristesse, ce front un peu penché qui lutte contre la lumière ainsi qu'un bélier contre un bélier, je le revois!... Parlez-moi....

Le canon gronde.

GENEVIÈVE. De plus grandes voix vous appellent.

SIEGFRIED. Cela ne m'a pas l'air d'un appel. Un homme agité trouve si naturel d'entendre le canon comme écho à son cœur! (*Il la regarde et essaye de lui prendre les mains.*) Douces mains, que touchez-vous pour être si douces?

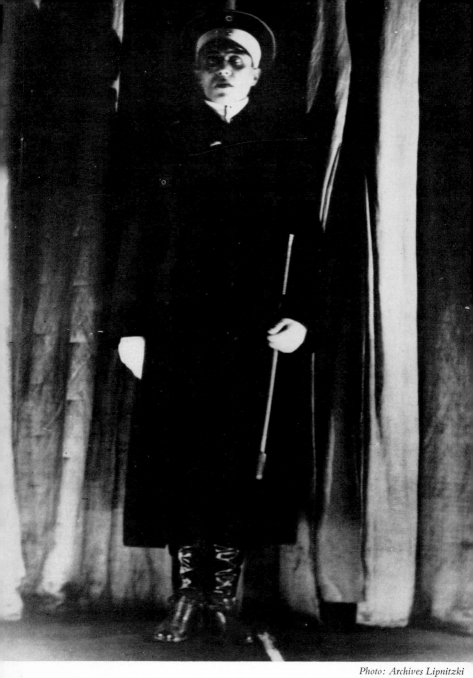

Photo: *Archives Lipnitzki*

Louis Jouvet as le général de Fontgeloy.

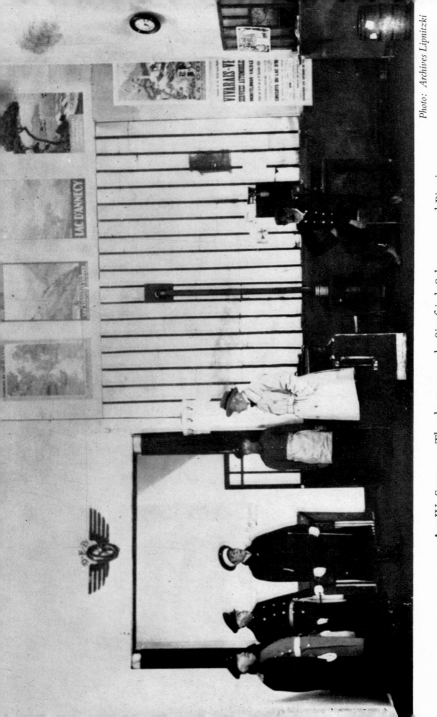

Act IV, Scene 3: The three generals, Siegfried, Schumann and Pietri.

(This cannot be a photograph of an actual performance since Fontgeloy does not appear in this scene in any version of the play.)

GENEVIÈVE, *se dégageant*. De la terre, de la boue ; je suis sculptrice.

SIEGFRIED. Il neige. Le destin croit s'excuser, depuis quelque temps, en enveloppant de neige les révolutions. Moscou, Pest, Munich,* toujours neige. C'est dans la neige que Pilate se lave maintenant les mains. Chaque Saxon marche aujourd'hui aussi silencieusement que la mort. Il faut que la couche soit bien épaisse pour que je n'entende point d'ici les éperons de mes trois généraux.

GENEVIÈVE. Il vous attendent. . . . Adieu.

SIEGFRIED, *se rapprochant*. . . . Pourquoi ne puis-je vous répondre ?

GENEVIÈVE. Ai-je posé une question ?

SIEGFRIED. Tout de vous questionne, à part votre bouche et vos paroles. Dans cette timide et insaisissable ponctuation que sont les pauvres humains autour d'incompréhensibles phrases, Éva déjà me plaisait. Elle est un point d'exclamation, elle donne un sens généreux ou emphatique aux meubles, aux paysages près desquels on la voit. Vous, votre calme, votre simplicité sont question.* Votre robe est question. Je voudrais vous voir dormir. . . . Quelle question pressante doit être votre sommeil ! . . . On ne pourrait répondre dignement à cette instance de votre être que par un aveu, un secret et je n'en ai pas.

GENEVIÈVE. Adieu.

SIEGFRIED. Peut-être cependant en ai-je un ? Le plus léger secret certes qu'ait porté créature au monde.

GENEVIÈVE. Ne me le dites pas.

SIEGFRIED. Même cette défense est une question chez vous. . . . Voici donc mon secret, puisque vous l'exigez. Ce n'est rien. . . . Mais c'est de moi la seule parcelle que mes amis, et Éva, et le président du Reich, et chacun des soixante millions d'Allemands, puissent encore ignorer. . . . Ce n'est rien. . . . C'est un mot. . . .

GENEVIÈVE. Adieu.

SIEGFRIED. Oui, je reste. . . . C'est le seul mot, parmi tous ceux de mon langage d'aujourd'hui, qui me semble venir de mon passé. Quand je l'entends, et vous allez voir s'il est insignifiant et même ridicule, alors que tous les autres, les plus beaux, les plus sensibles n'atteignent que l'être battant neuf que je suis aujourd'hui, ce mot atteint en moi un cœur et des sens inconnus. Mon ancien cœur sans doute. L'aveugle qu'on met face au soleil doit éprouver cette angoisse, ce soulagement. . . .

GENEVIÈVE. Un nom propre?

SIEGFRIED. Ce n'est même pas un nom commun. C'est un simple adjectif. Le démon de mon ancienne vie n'a pu lancer qu'un adjectif jusqu'à ma vie nouvelle. C'est le type de l'épithète banale, commune, presque vulgaire, mais il est ma famille, mon passé, il est ce qu'il y avait en moi d'insoluble. C'est le mot qui m'accompagnera dans ma mort. Mon seul bagage. . . .

GENEVIÈVE. Il faut que je parte.

SIEGFRIED, *tourné vers le public, les yeux à demi fermés.* Des gens, de petites gens le disent parfois le soir, sans s'en douter, dans la rue. Pour moi ils jonglent avec les flammes. La plupart des écrivains l'évitent, mais Gœthe* par bonheur — on voit bien que c'est lui le chef — l'emploie à tout propos. Les critiques le lui reprochent, regrettent ces trous banals dans son œuvre. Moi, quand ce mot revient, il me semble voir la chair de Mignon* à travers ses hardes, la chair d'Hélène* sous sa pourpre. C'est le mot, oh, trop léger pour moi. . . . Mon Dieu qu'il est banal, vous allez rire . . . , c'est le mot: «ravissant». (*Il répète, les yeux fermés:*) «ravissant».

GENEVIÈVE. Je ris.

SIEGFRIED, *se retourne vers elle.* Voilà ce que j'ai voulu vous dire, Geneviève. C'est peut-être un secret entier que d'avoir eu le courage de vous dire ce millième de secret. Adieu. (*Il l'embrasse.*) Il a un féminin ce mot, Geneviève, je le découvre: Main ravissante. . . .

GENEVIÈVE. Partez.

SIEGFRIED. Merci. Adieu!

RIDEAU

ACTE TROISIÈME

Même décor qu'au premier acte.

SCÈNE I

MUCK. L'HUISSIER, puis ZELTEN

MUCK, *dictant au téléphone d'après des feuillets qu'il tient à la main, très important.* La vérité est que depuis un siècle, l'Allemagne a souvent méconnu ses qualités profondes et surestimé ses impulsions journalières. . . . *

L'HUISSIER. Ils arrivent en foule. . . .

MUCK. De là son rôle toujours immense dans la civilisation et ses mésaventures dans l'histoire. . . .

L'HUISSIER. La maison va être pleine avant que Monsieur Siegfried soit revenu du Parlement.

MUCK. De là vient qu'elle a pu considérer comme des hommages à ses actes éphémères l'estime et la déférence accordées à sa vie nationale instinctive . . . *(changeant de ton.)* Cela vous suffit? C'était le seul passage du discours de Monsieur Siegfried qui vous manquât? Très bien. . . . Toujours à la disposition de l'agence Wolf . . . *(à l'huissier).* Je suis à toi. . . . Monsieur Siegfried sera là dans cinq minutes. . . . Qui as-tu encore à loger?

L'HUISSIER. Les présidents des chorales qui vont défiler tout à l'heure en chantant.

MUCK. Ils sont nombreux?

L'HUSSIER. Quarante.

MUCK. Mets-les dans le grand salon. Et encore?

L'HUISSIER. Les défenseurs de la Constitution de Weimar.

MUCK. Combien sont-ils?

L'HUISSIER. Sept . . . ce n'est qu'une délégation.

MUCK. Dans le petit bureau.

ZELTEN, *surgissant*. Et moi, Muck, où me met-on?

MUCK. Vous ici, Monsieur le Baron?

ZELTEN. Où veux-tu que j'aille? Il n'y a guère qu'ici qu'on ne me cherche pas. Tu étais à la séance?

MUCK. J'y étais.

ZELTEN. Le Parlement me prie de quitter l'État pour quelque temps, paraît-il?

MUCK. C'est exact.

ZELTEN. C'est Siegfried qui a proposé cette mesure?

MUCK. Non, mais il l'a appuyée.

ZELTEN. Et personne n'a protesté?

MUCK. Votre absence avait mis tout le monde contre vous. Vos partisans ont cru que vous les abandonniez.

ZELTEN. J'étais prisonnier dans ma chambre, Muck, et surveillé par deux soldats. Je n'ai pu m'échapper que voilà deux minutes et il était trop tard pour la séance. Mais elle va continuer ici, je t'en réponds.

MUCK. Ici? Vous n'allez pas rester ici? C'est par là que Monsieur Siegfried doit passer. Vous entendez ces acclamations! Il arrive.

ZELTEN. Et comment était-il, Siegfried, après son triomphe? Calme et modeste, comme il sied à une âme aussi grande?

MUCK. Fatigué et heureux. Pour la première fois, je l'ai senti heureux. Pour la première fois, dans le feu de l'action, je l'ai vu confondre, comme on dit, le manteau de l'avenir et le manteau du passé.*

ZELTEN. Les erreurs de vestiaire sont rarement de quelque profit. Heureux! Très bien! Je reste ici, Muck. Je vais examiner ce que peut bien donner le bonheur sur ce visage.

MUCK. Vous m'effrayez. Vous n'avez pas d'armes, je pense? Que voulez-vous lui faire?

ZELTEN. Ce qu'on faisait autrefois à tout imposteur. Le moyen âge avait quelques excellentes recettes. L'écorcher vif. Tu as le téléphone, en bas?

MUCK. Oui, dans mon office.

ZELTEN. Téléphone à Mademoiselle Geneviève Prat, de la part de Siegfried, qu'elle vienne immédiatement pour la leçon.

MUCK. La leçon! jamais Monsieur Siegfried ne prendra une leçon dans un moment pareil!

ZELTEN. Excellent exercice pour lui, au contraire. Cela ne peut que lui faire du bien de passer ses pensées bouillonnantes dans une langue toute fraîche, pour les tiédir un peu. . . . Va. Hâte-toi.

MUCK *remontant*. C'est lui, Monsieur le Baron. Son Excellence monte.

ZELTEN. Très bien! que Son Excellence Siegfried daigne monter!

SCÈNE II

ZELTEN. SIEGFRIED, accompagné de ÉVA.
LEDINGER, FONTGELOY et WALDORF

SIEGFRIED. Vous êtes en retard, Zelten.

ZELTEN. C'est une opinion. Je suis sûr que votre entourage en ce moment me trouve au contraire en avance.

SIEGFRIED. Que cherchez-vous ici? Ignorez-vous que vous devez quitter Gotha avant demain?

ZELTEN. Je l'aurai quitté, et pas seul. On me fera bien l'honneur, d'ailleurs, de m'adresser une signification officielle.

SIEGFRIED. Vous l'avez. Je vous la donne.

ZELTEN. Vous me la donnez? Puis-je savoir à quel titre vous vous croyez qualifié pour me la donner?

SIEGFRIED. Au titre le plus simple. Au titre d'Allemand. . . .

ZELTEN. Ce n'est pas un titre simple, c'est un titre considérable. Ne le possède pas qui veut. N'est-ce pas, Éva?

SIEGFRIED. Mademoiselle Éva n'a rien à voir entre nous.

ZELTEN. C'est ce qui vous trompe, elle a beaucoup à voir.

SIEGFRIED. Je vous interdis le moindre mot contre elle.

ZELTEN. Contre elle? Je n'ai rien à dire contre elle. Je l'admire au contraire d'avoir sacrifié sa jeunesse, et sa conscience, à ce qu'elle croit l'Allemagne.

SIEGFRIED. Cela va. Vous pouvez partir.

ZELTEN. Oh! pas du tout! Je tiens à partir en beauté.* C'est mon jour d'abdication aujourd'hui. Cette cérémonie m'a toujours paru dans l'histoire infiniment plus émouvante que les sacres. Je tiens à éprouver tout ce qu'une abdication comporte d'humiliation et de grandeur.

SIEGFRIED. Gardez vos effets pour ces tavernes de Paris où vous avez pris de notre pays cette idée lamentable et bouffonne.

ZELTEN. Vous m'accorderez tout à l'heure que je méritais un départ un peu plus solennel ... Oui, Siegfried, dans une heure, j'aurai quitté Gotha, mais vous auriez tort de croire que c'est vous qui m'en chassez, ou l'Allemagne. Je persiste à croire que les vrais Allemands ont encore l'amour des petites royautés et des grandes passions. J'avais préparé sur ce point de beaux manifestes dont j'espérais recouvrir vos affiches sur les centimes additionnels* et la création des préfectures, mais ma dernière arme me fait défaut aussi: la colle.* Ce qui m'expulse de ma patrie, ce qui a provoqué la résistance de l'empire et l'aide qu'il vous a donnée, ce n'est pas votre esprit de décision, ni vos ordres, tout géniaux qu'ils soient: ce sont deux télégrammes adressés à Berlin et que mon poste a interceptés. Les voici. Rendez-moi le service de lire le premier, Waldorf.

WALDORF, *après avoir interrogé du regard Siegfried.* Morgan Rockfeller* à Président Reich. Si Zelten se maintient Gotha, annulons contrat phosphate artificiel.

ZELTEN. Voici le second. Il vient de Londres.

WALDORF. Pour Monsieur Stinnes.* Si Zelten reste pouvoir, provoquons hausse mark.*

ZELTEN. Et c'est tout. . . . Voilà les deux menaces qui correspondent aux excommunications de jadis et qui ont dressé contre moi le centre et les catholiques. Le phosphate artificiel, voilà notre Canossa.* . . . Je n'ai pas intercepté de radios ainsi conçus: Si Zelten est président, musiciens allemands annulent symphonies Beethoven. . . . Si Zelten est Régent, philosophes allemands incapables désormais définir impératif catégorique. . . . Si Zelten est roi, lycéennes allemandes refusent cueillir myrtilles au chant merle. . . . Mais je n'insiste pas. J'ai fait le dernier effort pour

empêcher l'Allemagne de devenir une société anonyme, j'ai
échoué: que notre Rhin une minute agité se calme donc sous
l'huile minérale. . . . Et maintenant, Siegfried, à nous deux.
Éloignez ces généraux.

SIEGFRIED. Non. Ce sont mes témoins.

ZELTEN. En effet. Avec leurs écharpes, ils ont l'air de venir faire un
constat.* Ils viennent me prendre en flagrant délit d'adultère
avec l'Allemagne. Oui, j'ai couché avec elle, Siegfried. Je suis
encore plein de son parfum, de toute cette odeur de poussière,
de rose et de sang qu'elle répand dès qu'on touche au plus petit
de ses trônes, j'ai eu tout ce qu'elle offre à ses amants, le drame,
le pouvoir sur les âmes. Vous, vous n'aurez jamais d'elle que des
jubilations de comice agricole, des délires de mutualités, ce
qu'elle offre à ses domestiques. . . . Éloignez ces militaires.
J'ai à vous parler seul à seul.

SIEGFRIED. Je n'ai ni l'humeur ni le droit d'avoir un aparté avec
vous.

ZELTEN. Qu'ils restent donc! Tant pis pour vous. D'ailleurs, c'est
dans la règle. Toutes les fois que la fatalité se prépare à crever
sur un point de la terre, elle l'encombre d'uniformes. C'est
sa façon d'être congestionnée. Lorsqu'Œdipe* eut à apprendre
qu'il avait pour femme sa mère et qu'il avait tué son père,
il tint à rassembler aussi autour de lui tout ce que sa capitale
comptait d'officiers supérieurs.

WALDORF. Nous sommes des officiers généraux, Zelten!

LEDINGER. Dois-je faire cesser cette comédie, Excellence?

ZELTEN. Regardez le visage d'Éva, Ledinger, et vous verrez que
nous ne sommes pas dans la comédie. Cette pâleur des lèvres,
cette minuscule ride transversale sur le front de l'héroïne, ces
mains qui se pressent sans amitié comme deux mains étrangères,
c'est à cela que se reconnaît la tragédie. C'est même le moment
où les machinistes font silence, où le souffleur souffle plus bas, et
où les spectateurs qui ont naturellement tout deviné avant
Œdipe, avant Othello, frémissent à l'idée d'apprendre ce qu'ils
savent de toute éternité. . . . Je parle des spectateurs non militaires, car vous n'avez rien deviné n'est-ce pas, Waldorf?

WALDORF. Muck ! Muck !

SIEGFRIED, *s'avançant*. Non. Qu'il parle !

ZELTEN, *se tournant vers Siegfried*. Lui a deviné !...

ÉVA. Ne l'écoute pas, Siegfried. Il ment !

ZELTEN. Lui a deviné ! Lui sent qu'il s'agit de lui-même. Les deux corbeaux* qui voltigèrent au-dessus de la tête de Siegfried, du vrai, ils passent en ce moment au-dessus de sa réplique....

SIEGFRIED, *près de Zelten, voix contenue et rapide*. Épargnez-nous les métaphores. Parlez.

ZELTEN. Excusez-moi. Les Allemands aiment les métaphores. Je les éviterai désormais avec vous.

SIEGFRIED. Il s'agit de moi, Siegfried ?

ZELTEN. Pas de Siegfried, de vous.

SIEGFRIED. De mon passé ?

ZELTEN. De votre passé.

SIEGFRIED. Quel mensonge la haine va-t-elle vous dicter ?

ZELTEN. Je ne vous hais pas. Nous autres politiciens n'allons pas gaspiller notre haine sur d'autres que des compatriotes.

SIEGFRIED. Vous avez découvert mon nom de famille ?

ZELTEN. Pas votre nom, pas votre famille. . . . Les spirituelles insinuations que je prodigue depuis une minute ont dû vous mettre sur la voie. J'ai découvert ce que je soupçonnais depuis longtemps. J'ai découvert que celui qui juge avec son cerveau, qui parle avec son esprit, qui calcule avec sa raison, que celui-là n'est pas Allemand !

SIEGFRIED. Je ne crois pas un mot de ce que vous me dites, Zelten.

ZELTEN. Cela ne m'étonne point. Je suis dans un mauvais jour.* Les Allemands eux-mêmes débordent de sens critique avec moi aujourd'hui.

SIEGFRIED. Va-t-il falloir vous contraindre à parler ?

ZELTEN. A parler ? Mais, j'ai parlé ; et même je ne dirai pas un mot de plus. Je tiens à repasser vivant la frontière. D'ailleurs j'ai épuisé mes effets. C'est à Éva qu'il revient de continuer cette scène.

ÉVA. Je vous méprise, Zelten.

ZELTEN. Vous êtes plus forte que moi si vous n'êtes pas méprisée vous-même dans quelques minutes.

ÉVA. Je ne sais rien de ce dont il parle, Siegfried.

ZELTEN. Éva sait tout, Siegfried. Sur votre arrivée à sa clinique, sur l'accent particulier de vos plaintes, sur la plaque d'armée étrangère que vous portiez au bras, elle pourra vous donner les détails. Je n'ai jamais vendu la vérité qu'en gros.

LEDINGER. Il suffit. Partez!

ZELTEN, *se retournant de la porte.* Ah! Siegfried. Il est fâcheux que vous n'aimiez pas les métaphores, ni les apologues. Je vous dirai celui du renard qui s'est glissé dans l'assemblée des oiseaux et qui se trouve tout à coup seul à découvert, quand les oiseaux s'élèvent. Les ailes s'entr'ouvrent déjà, Siegfried. Les plumes se soulèvent. L'oiseau Gœthe, l'oiseau Wagner, l'oiseau Bismarck dressent déjà le cou. Un geste d'Éva, et ils partent!

LEDINGER. Partez!

ZELTEN. Et voilà, pour l'oiseau Zelten!

Il sort.

SIEGFRIED, *impassible.* Messieurs, la farce est finie. Que chacun regagne son poste. Je reste ici. Vous viendrez me tenir au courant et me consulter, s'il y a lieu.

LEDINGER. Justement, Excellence. . . . Que doivent jouer les musiques de nos régiments en entrant dans la ville?

SIEGFRIED. Singulière question. . . . Notre hymne! . . . l'hymne allemand! . . .

SCÈNE III

SIEGFRIED. ÉVA

Siegfried va vers Éva, lui prend les mains, la regarde longuement, durement.

SIEGFRIED. Suis-je Allemand, Éva?

ÉVA. Que dis-tu? Allemand?

SIEGFRIED. Suis-je Allemand, Éva?

ÉVA. Je puis te répondre, et du fond de mon âme : oui, Siegfried, tu es un grand Allemand !

SIEGFRIED. Il est des mots qui ne souffrent pas d'épithète. Va dire à un mort qu'il est un grand mort. . . . Suis-je Allemand, Éva ?

Acclamations au dehors. Fanfares.

ÉVA. Tous ceux-là t'ont répondu !

SIEGFRIED. A ton tour, maintenant. Étais-je Allemand quand tu t'es penchée sur moi, et m'as sauvé ?

ÉVA. Tu m'as demandé de l'eau en allemand.

SIEGFRIED. Chaque soldat qui allait à l'assaut savait le nom de l'eau dans toutes les langues ennemies. . . . . Avais-je un accent pour demander cette eau ? Le pays, la province des blessés, tu les reconnaissais, m'as-tu dit, à leurs plaintes. Je n'ai pas fait que demander de l'eau, je me suis plaint !

ÉVA. Tu étais le courage même. (*Siegfried se dirige vers la porte.*) Que fais-tu, Siegfried ?

SIEGFRIED. J'appelle. J'appelle la foule et me dénonce.

ÉVA. Siegfried !

SIEGFRIED, *revenant vers elle*. Je réponds à ce nom pour la dernière fois. . . .

ÉVA. Quand tu étais sans mémoire, sans connaissance, sans passé, — oui, tu as raison, je peux te dire cela aujourd'hui, ton sort, la victoire l'a fixé pour toujours, — quand tu n'avais d'autre langage, d'autres gestes que ceux d'un pauvre animal blessé, tu n'étais peut-être pas Allemand.

SIEGFRIED. Qu'étais-je ?

ÉVA. Ni le médecin chef, ni moi ne l'avons su.

SIEGFRIED. Tu le jures ?

ÉVA. Je le jure.

Le sergent entre.

LE SERGENT. Mademoiselle Geneviève Prat.

SIEGFRIED. Va-t'en.

Éva sort par l'escalier qu'elle gravit lentement.

SCÈNE IV

GENEVIÈVE. SIEGFRIED

GENEVIÈVE. C'est Zelten que je viens de croiser, entre ces militaires?

SIEGFRIED. Oui, c'est Zelten.

GENEVIÈVE. On le fusille?

SIEGFRIED. Rassurez-vous, on le mène au train qui le débarquera dans son vrai royaume.

GENEVIÈVE. Son vrai royaume?

SIEGFRIED. Oui. Au carrefour du boulevard Montmartre et du boulevard Montparnasse.

GENEVIÈVE. C'est bien impossible. . . .

SIEGFRIED. N'en doutez pas. . . .

GENEVIÈVE. Je parlais de ces deux boulevards. . . . Ils sont parallèles, Monsieur le Conseiller, l'un tout au nord, l'autre tout au sud, et il est peu probable qu'ils forment jamais un carrefour. . . . (*Elle s'avance.*) Il faudra que vous veniez un jour à Paris voir quelles rues s'y croisent et s'y décroisent. Pourquoi m'avez-vous appelée? Pour la leçon?

SIEGFRIED. La leçon?

GENEVIÈVE. Vous paraissez fatigué. . . . Asseyez-vous! . . . Asseyons-nous sur ce banc posé là en face de Gotha comme un banc du Touring.* . . . Quel ravissant hôtel de ville! Il est de 1574 n'est-ce pas? Comme il paraît plus vieux que le beffroi, qui est de 1575!

SIEGFRIED. Quelle science!

GENEVIÈVE. Science de fraîche date. C'est depuis hier, depuis que je vous ai vu, que j'ai désiré connaître ce pays, son histoire, sa vie, cette ville. . . . J'avais pensé, en échange de mes leçons de français, vous demander des leçons d'allemand, d'Allemagne? J'ai l'intention de rester ici, d'étudier, avec un de vos sculpteurs, d'avoir une petite fille allemande pour modèle, de vous voir souvent, si vous aimez mes visites. . . . Dans quelques mois, si je peux, de vous parler votre langue. . . . Un étranger apprend vite l'allemand?

SIEGFRIED. J'ai mis six mois. . . .

Geneviève surprise le regarde. La musique dans la cour joue l'hymne allemand.

GENEVIÈVE. Que joue-t-on là?

SIEGFRIED. C'est l'hymne allemand.

GENEVIÈVE. On ne se lève pas?

SIEGFRIED. On se lève. . . . Excepté si l'on est à bout de souffle, vaincu par la vie, ou étranger. (*Geneviève se lève.*) Vous vous levez? Vous êtes à ce point victorieuse de la vie?

GENEVIÈVE. Je salue de confiance l'hymne du pays de la musique. . . . Car je compte aussi faire de la musique ici, devenir comme chacun de vous musicien, musicienne. . . . Cela s'apprend?

SIEGFRIED. J'ai dû bénéficier d'un forfait général.* Pour cela aussi, j'ai mis mix mois. . . .

Un silence.

GENEVIÈVE. Comme le français devient un langage mystérieux, quand un Allemand le parle! Qu'avez-vous? Je vous ai vu passer tout à l'heure au milieu de la foule. On admirait votre santé, votre force.

SIEGFRIED. Le nom de Siegfried ne porte décidément pas chance, en ce pays, Geneviève. Ce corps plein de santé et de force, c'est celui d'un Allemand qui meurt.

GENEVIÈVE, *effrayée.* Qui meurt!

SIEGFRIED. Éva vient de me l'avouer. On m'a trompé. Je ne suis pas Allemand. (*Geneviève se lève*). Pourquoi vous levez-vous? On ne joue aucun hymne? Au fait, le silence, c'est mon chant national. . . . (*Un long silence.*) Quel hymne interminable!

GENEVIÈVE. Vous souffrez!

SIEGFRIED. C'est un genre de mort qui ne va pas sans souffrance. . . . A ceux qui ont une famille, une maison, une mémoire, peut-être est-il possible de retirer sans trop de peine leur pays. . . . Mais ma famille, ma maison, ma mémoire, c'était l'Allemagne. Derrière moi, pour me séparer du néant, mes infirmiers n'avaient pu glisser qu'elle, mais ils l'avaient glissée tout entière! Son histoire était ma seule jeunesse. Ses gloires, ses défaites, mes seuls souvenirs. Cela me donnait un passé étin-celant, dont je pouvais croire éclairée cette larve informe et opaque qu'était mon enfance.... Tout cela s'éteint.

GENEVIÈVE. Mon cher ami!

SIEGFRIED. Tout cela s'éteint. ... Je n'ai pas peur de la nuit. ... J'ai peur de cet être obscur, qui monte en moi, qui prend ma forme, qui noie aussitôt d'ombre tout ce qui tente de s'agiter encore dans ma pensée.... Je n'ose pas penser.

GENEVIÈVE. Ne restez pas ainsi. Regardez-moi. Levez la tête.

SIEGFRIED. Je n'ose pas remuer. Au premier mouvement, tout cet édifice que je porte encore en moi s'en ira en poussière.... Lever la tête? Pour que je voie, sur ces murs, tous ces héros et tous ces paysages devenir soudain pour moi étrangers et ennemis! Songez, Geneviève, à ce que doit ressentir un enfant de sept ans quand les grands hommes, les villes, les fleuves de sa petite histoire lui tournent soudain le dos. Regardez-les. Ils me renient.

GENEVIÈVE. Ce n'est pas vrai.

SIEGFRIED. Je ne suis plus Allemand. Comme c'est simple! Il suffit de tout changer. Mes jours de victoire ne sont plus Sedan,* Sadowa.* Mon drapeau n'a plus de raies horizontales. L'Orient et l'Occident vont permuter sans doute autour de moi. ... Ce que je croyais les exemples de la loyauté suprême, de l'honneur, va peut-être devenir pour moi la trahison, la brutalité. ...

GENEVIÈVE. La moitié des êtres humains peut changer sans souf-france de nom et de nation, la moitié au moins: toutes les femmes....

SIEGFRIED. Ce bruit autour de mes oreilles, ce papillotement, ce n'est rien! ce n'est que soixante millions d'êtres, et leurs millions d'aïeux, et leurs millions de descendants, qui s'envolent de moi, comme l'a dit tout à l'heure Zelten. Il suffit que je pense à l'un de ces grands hommes que j'ai tant chéris pour qu'il parte en effet de moi à tire d'aile. Ah! Geneviève! Je ne vous dirai pas les deux qui viennent en cette seconde de m'abandonner.

GENEVIÈVE. S'ils sont vraiment grands, vous les verrez de votre nouvelle patrie.

SIEGFRIED. Ma nouvelle patrie! Ah! pourquoi Éva ne s'est-elle pas penchée plus près encore sur le blessé, sur le pauvre poisson à sec* que j'étais. Pourquoi ne m'a-t-elle pas fait répéter ce mot: de l'eau? Pourquoi ne m'a-t-elle pas obligé à le dire, à le redire, même en m'imposant une soif plus cruelle encore, jusqu'à ce qu'elle ait su quel accent le colorait, et si je pensais, en le disant, à une mer bleue ou à des torrents, ou à un lac, même à des marécages! A quelle soif éternelle Éva m'a condamné en se hâtant ainsi! Je la hais.

GENEVIÈVE. Elle a cru bien faire. Vous étiez si haut à ses yeux. Elle vous a donné ce qu'elle croyait la plus belle patrie. . . . Elle n'avait pas le choix. . . .

SIEGFRIED. Je l'ai maintenant. . . . Ah! ne partez pas, Geneviève. Ma seule consolation en cette minute est de ne pas être avec un des amis de cette seconde existence qu'il va falloir abandonner, d'être avec vous.

GENEVIÈVE. D'être avec une inconnue?

SIEGFRIED. Si vous voulez. Tout ce que les autres mettent dans le mot ami, dans le mot parenté, il me faut bien le mettre dans le mot inconnu. Tout ce que je connais vacille, s'effondre, mais il y a dans votre présence, dans votre visage, quelque chose qui ne se dérobe pas.

GENEVIÈVE. Et vous ne voyez rien dans ce visage inconnu?

SIEGFRIED. J'y vois une pâleur, un hâle, qui doivent être une grande pitié.

GENEVIÈVE. Beaucoup de hâles en effet le recouvrent, et dont chacun aurait son nom, si je voulais vous les nommer. Et sous ces hâles, ce que vous voyez, c'est encore l'inconnu, sans doute?

SIEGFRIED. Que voulez-vous dire, Geneviève?

GENEVIÈVE. Vous ne devinez donc pas? Pourquoi Zelten m'a appelée ici, pourquoi depuis hier, depuis que je vous ai revu, mon cœur à chaque minute s'elance et se brise, vous ne le devinez donc pas?

SIEGFRIED. Que vous m'avez revu?

GENEVIÈVE. Ah! le destin a tort de confier ses secrets à une femme. Je ne puis plus me taire. Advienne que pourra. Ah! ne m'en veuille pas si je sais si peu, moi, ménager mes effets,* si je vais te dire à la file les trois phrases qui me brûlent les lèvres depuis que je t'ai vu, et que la peur de ta mort seule a retenues. . . . Il y a peut-être pour elles un ordre à trouver, une gradation, qui les rendrait naturelles, inoffensives, mais lequel? Les voilà, je les dis à la fois: tu es Français, tu es mon fiancé, Jacques, c'est toi.

Éva, qui est entrée sur les derniers mots de Geneviève, s'est approchée.

SCÈNE V
GENEVIÈVE. ÉVA. SIEGFRIED

ÉVA. Siegfried! (*Siegfried tourne la tête vers elle*). C'est moi, Siegfried. (*Geste de lassitude de Siegfried*). Si c'est un crime d'avoir partagé avec toi ma patrie, pardon, Siegfried. (*Geste vague de Siegfried*). Si c'est un crime d'avoir recueilli un enfant abandonné, qui frissonnait à la porte de l'Allemagne, de l'avoir vêtu de sa douceur, nourri de sa force, pardon.

SIEGFRIED. Cela va. . . . Laisse-moi.

ÉVA. Tous les droits te donnaient à nous, Siegfried, l'adoption, l'amitié, la tendresse. . . . Deux semaines, j'ai veillé sur toi nuit et jour, avant que tu reprennes connaissance. . . . Tu ne venais pas d'un autre pays, tu venais du néant. . . .

SIEGFRIED. Ce pays a des charmes.

ÉVA. Si j'avais su que le sort dût te rendre une patrie, je ne t'aurais pas donné la mienne. . . . C'est hier seulement que j'ai appris la vérité, aujourd'hui seulement que je t'ai menti. J'ai eu tort. J'aurais dû tout te révéler moi-même, car cette révélation ne peut plus rien changer.

SIEGFRIED. Cela va bien, Éva. Adieu.

ÉVA. Pourquoi adieu? Tu restes avec nous, je pense?

SIEGFRIED. Avec vous?

ÉVA. Tu ne nous quittes pas? Tu ne nous abandonnes pas?

SIEGFRIED. Qui, vous?

ÉVA. Nous tous, Waldorf, Ledinger, les milliers de jeunes gens qui t'ont escorté tout à l'heure jusqu'ici, tous ceux qui croient en toi : l'Allemagne.

SIEGFRIED. Laisse-moi, Éva.

ÉVA. Je n'ai pas l'habitude de te laisser lorsque te frappe une blessure.

SIEGFRIED. Où veux-tu en venir ?

ÉVA. A ton vrai cœur, à ta conscience. Écoute-moi. J'ai eu sur toi tout un jour d'avance pour me reconnaître dans ce brouillard. Tu verras demain comme tout sera clair en toi. Ton devoir est ici. Depuis sept ans, pas un souvenir qui soit monté de ton passé, pas un signe fait par lui, pas une parcelle de ton corps qui ne soit neuve, pas un penchant qui t'ait mené vers ce que tu avais quitté. Toutes les prescriptions sont mortes. . . . Que dites-vous, Mademoiselle ?

GENEVIÈVE. Moi, je me tais.

ÉVA. Vous n'en donnez pas l'impression. Votre silence domine nos voix.

GENEVIÈVE. Chacun se sert de son langage.

ÉVA. Je vous en supplie. Daignez me regarder. Nous luttons, toutes deux. Cessez de fixer ainsi vos yeux devant vous, sans rien voir.

GENEVIÈVE. Chacun ses gestes.

ÉVA. Pourquoi ce mépris d'une femme qui combat pour son pays alors que vous ne combattez que pour vous ? Pourquoi vous taisez-vous ?

GENEVIÈVE. C'est que contre les adversaires que j'ai eu à combattre jusqu'ici, la seule arme était le silence.

ÉVA. C'est que chacune de vos paroles, en cette minute, serait petitesse, égoïsme. . . .

GENEVIÈVE. Je pensais, aussi, que tout ce que nous pourrions dire, des voix plus hautes le disent à notre ami. . . . Mais après tout, peut-être avez-vous raison. . . . Voir ce duel livré en dehors de lui, non dans un déchirement de son être, mais entre deux femmes étrangères, c'est peut-être le seul soulagement que nous puissions lui apporter. . . . Je puis même vous tendre la main pour qu'il ne se croie pas déchiré par des puissances irréconciliables.

ÉVA. Je n'irai pas jusque-là. De quel droit êtes-vous ici? Qui vous a appelée à ce pays où vous n'avez que faire?

GENEVIÈVE. Un Allemand.

ÉVA. Zelten?

GENEVIÈVE. Zelten.

ÉVA. Zelten est un traître à l'Allemagne. Tu le vois, Siegfried. Ce complot n'avait pas pour but de réparer une erreur du passé mais de t'enlever au pays dont tu es l'espoir, et qui t'a donné ce qu'il n'a pas donné toujours à ses rois, le pouvoir et l'estime.

SIEGFRIED. Tout ce que je me refuse maintenant à moi-même. . . . Je vous en prie, laissez-moi, toutes deux. . . .

ÉVA. Non, Siegfried.

GENEVIÈVE. Pourquoi, Jacques?

SIEGFRIED. Vous n'auriez pas l'une et l'autre, pour m'appeler, un nom intermédiare entre Siegfried et Jacques?

ÉVA. Il n'est pas d'intermédiaire entre le devoir et les liens dont cette femme est le symbole.

GENEVIÈVE. Symbole? Une Française suit trop la mode pour être jamais un symbole, pour être plus qu'un corps vibrant, souffrant, vêtu de la dernière robe. D'ailleurs vous vous trompez. Si Jacques avait à choisir entre le devoir et l'amour, il eût choisi depuis longtemps. Il est si facile, comme dans les tragédies, d'enlever au mot devoir les parcelles d'amour qu'il contient, au mot amour les parcelles de devoir dont il déborde, et de faire une pesée décisive mais fausse. Mais Jacques doit choisir entre une vie magnifique qui n'est pas à lui, et un néant qui est le sien. Chacun hésiterait. . . .

ÉVA. Il a à choisir entre une patrie dont il est la raison, dont les drapeaux portent son chiffre, qu'il peut contribuer à sauver d'un désarroi mortel, et un pays où son nom n'est plus gravé que sur un marbre, où il est inutile, où son retour ne servira, et pour un jour, qu'aux journaux du matin, où personne, du paysan au chef, ne l'attend. . . . N'est-ce pas vrai?

G

GENEVIÈVE. C'est vrai.

ÉVA. Il n'a plus de famille, n'est-ce pas?

GENEVIÈVE. Non.

ÉVA. Il n'avait pas de fils, pas de neveux?

GENEVIÈVE. Non.

ÉVA. Il était pauvre? Il n'avait pas de maison à la campagne, pas un pouce du sol français n'était le sien?

GENEVIÈVE. Non.

ÉVA. Où est ton devoir, Siegfried? Soixante millions d'hommes ici t'attendent. Là-bas, n'est-ce pas, personne?

GENEVIÈVE. Personne.

ÉVA. Viens, Siegfried....

GENEVIÈVE. Si. Quelqu'un l'attend cependant.... Quelqu'un? c'est beaucoup dire.... Mais un être vivant l'attend. Un minimum de conscience, un minimum de raisonnement.

ÉVA. Qui?

GENEVIÈVE. Un chien.

ÉVA. Un chien?

GENEVIÈVE. Son chien. En effet, je n'y pensais pas. J'étais ingrate! Ton chien t'attend, Jacques. Tous les autres en effet ont renoncé à toi, tes amis, tes maîtres, tes élèves. Moi-même, je me croyais autorisée à ce renoncement, parce que j'avais renoncé à ma propre vie. La disparition d'un homme à la guerre, c'est une apothéose, une ascension, c'est une mort sans cadavre qui dispense des enterrements, des plaintes, et même des regrets, car le disparu semble s'être fondu plus vite qu'un squelette dans son sol, dans son air natal, et s'être aussitôt amalgamé à eux.... Lui n'a pas renoncé. Il t'attend.

ÉVA. C'est ridicule....

GENEVIÈVE. Il est plus ridicule que vous ne pouvez même le croire: c'est un caniche. Il est blanc, et comme tous les chiens blancs en France, il a nom Black. Mais, Jacques, Black t'attend. Entre tes vêtements et ce qui reste encore de parfum autour de tes vieux flacons, il t'attend. Je le promène tous les jours. Il te cherche. Parfois dans la terre, c'est vrai, en creusant. Mais le plus souvent dans l'air, à la hauteur où l'on trouve les visages des autres hommes. Lui ne croit pas que tu t'es réintégré secrètement et par atomes à la nation.* . . . Il t'attend tout entier.

ÉVA. Cessez de plaisanter.

GENEVIÈVE. Oui, je sais. Vous voudriez que je parle de la France. Vous estimez infamant que je me serve comme appât, pour attirer Siegfried, d'un caniche vivant?

ÉVA. Nous sommes dans une grande heure, vous la rabaissez.

GENEVIÈVE. Pourquoi un pauvre chien sans origine, sans race, me paraît-il aujourd'hui seul qualifié pour personnifier la France, je m'en excuse. Mais je n'ai pas l'habitude de ces luttes, je ne vois pas autre chose à dire à Jacques. La grandeur de l'Allemagne, la grandeur de la France, c'est évidemment un beau sujet d'anti-thèses et de contrastes. Que les deux seules nations qui ne soient pas seulement des entreprises de commerce et de beauté, mais qui aient une notion différente du bien et du mal, se décident, à défaut de guerre, à entretenir en un seul homme une lutte minuscule, un corps-à-corps figuré, c'est évidemment un beau drame. Mais celui-là, Jacques, c'est le drame de demain.

ÉVA. Peut-on savoir quel est celui d'aujourd'hui?

GENEVIÈVE. Le drame, Jacques, est aujourd'hui entre cette foule qui t'acclame, et ce chien, si tu veux, et cette vie sourde qui espère. Je n'ai pas dit la vérité en disant que lui seul t'attendait. . . . Ta lampe t'attend, les initiales de ton papier à lettres t'attendent, et les arbres de ton boulevard, et ton breuvage, et les costumes démodés que je préservais, je ne sais pourquoi, des mites, dans lesquels enfin tu seras à l'aise. Ce vêtement invisible que tisse sur un être la façon de manger, de marcher, de saluer, cet accord divin de saveurs, de couleurs, de parfums obtenu par nos sens d'enfant; c'est là la vraie patrie, c'est là ce que tu réclames. . . . Je l'ai vu depuis que je suis ici. Je comprends ton perpétuel malaise. Il y a entre les moineaux, les guêpes, les fleurs de ce pays et ceux du tien une différence de nature imperceptible, mais inacceptable pour toi. C'est seulement quand tu retrouveras tes animaux, tes insectes, tes plantes, ces odeurs qui diffèrent pour la même fleur dans chaque pays, que tu pourras vivre heureux, même avec ta mémoire à vide, car c'est eux qui en sont la trame. Tout t'attend en somme en France, excepté les hommes. Ici, à part les hommes, rien ne te connaît, rien ne te devine.

ÉVA. Tu peux remettre tes complets démodés, Siegfried, tu ne te débarrasseras pas plus qu'un arbre des sept cercles que tes sept années allemandes ont passés autour de toi.* Celui que le vieil hiver allemand a gelé sept fois, celui qu'a tiédi sept fois le plus jeune et le plus vibrant printemps d'Europe, crois-moi, il est pour toujours insensible aux sentiments et aux climats tempérés. Tes habitudes, tu ne les as plus avec les terrasses de café, mais avec nos hêtres géants, nos cités combles, avec ce paroxysme des paysages et des passions qui seul donne à l'âme sa plénitude. Je t'en supplie, ne va pas changer ce cœur sans borne que nous t'avons donné contre cette machine de précision, ce réveille-matin qui réveille avant chaque émotion, contre un cœur de Français !

Musique et acclamations.

ÉVA. Choisis, Siegfried. Ne laisse pas exercer sur toi ce chantage d'un passé que tu ne connais plus et où l'on puisera toutes les armes pour t'atteindre, toutes les flatteries et toutes les dénonciations. Ce n'est pas un chien que cette femme a placé en appât dans la France. C'est toi-même, toi-même en inconnu, ignoré, perdu pour toujours. Ne te sacrifie pas à ton ombre.

GENEVIÈVE. Choisis, Jacques. Vous l'avez vu, j'étais disposée à tout cacher encore, à attendre une occasion moins brutale, à attendre des mois. Le sort ne l'a pas voulu. J'attends l'arrêt.

On acclame au dehors. On illumine. . . .

ÉVA. Prends garde, Siegfried ! Nos amis attendent mon retour. Ils vont venir. Ils vont essayer de te contraindre, cède à l'amitié. Vois. Écoute. On illumine en ton honneur. On t'acclame. Entends la voix de ce peuple qui t'appelle. . . . Entre cette lumière et cette obscurité, que choisis-tu ?

SIEGFRIED. Que peut bien choisir un aveugle !

RIDEAU

ACTE QUATRIÈME

Gare-frontière, divisée en deux parties par une planche à bagages et un portillon. Gare allemande luxueuse et propre comme une banque. Gare française typique, avec un poêle et un guichet de prison. Il fait encore nuit. Le douanier français lit un journal.

SCÈNE I

LE DOUANIER FRANÇAIS. ROBINEAU

ROBINEAU. Il y a du nouveau en France, Monsieur le Douanier?

PIETRI. Aujourd'hui, oui. . . . Le chef de gare de Bastia* est promu à la première classe sur place.*

ROBINEAU. Je parlais de Paris.

PIETRI. Non. Pas de nomination à Paris. . . . Il n'a que cinquante-cinq ans. Ce sera un bel exemple de retraite hors classe.*

ROBINEAU. Peut-on savoir le nom de ce héros?

PIETRI. Pietri, comme moi, mais il a plus de chance. A seize ans, à la gare de Cannes, il aide une vieille dame à traverser la voie. C'est la mère de Gambetta.* Depuis, il passe au choix.* Moi, j'ai eu la déveine de trouver deux toises de dentelles dans la valise d'une présidente du Sénat.

Il continue à lire.

ROBINEAU. Monsieur le douanier, pourquoi tous les douaniers en France sont-ils Corses?. . .

PIETRI. Il n'y a encore que les Corses pour comprendre que la France est une île.

ROBINEAU. Ça a aussi le grand avantage de parfumer à l'ail toute la frontière française. . . . C'est du hareng que vous grillez là?

PIETRI. Non, c'est mon café au lait. . . .

PIETRI. Si vous voulez me faire plaisir, cher Monsieur, ne vous balancez donc pas comme cela sur la ligne idéale.

ROBINEAU. Sur la ligne idéale?

PIETRI. Expression technique des douanes. Ça désigne la frontière. . . . Vous la voyez bien, cette ligne en jaune qui coupe la salle et se perd dans le buffet et les lavatory, c'est la ligne idéale.

ROBINEAU, *s'éloignant.* C'est dangereux?

PIETRI. Je vois que vous ne le faites pas exprès, mais toute la journée une bande de maniaques, sans en avoir l'air, passent leur pied sous le portillon, ou se mettent à cheval sur la ligne. Un médecin de Berlin vient parfois les examiner. Il appelle cela des sadiques. Je ne vois vraiment pas le plaisir que le sadisme peut procurer. J'ai été douanier du port de Nice et je vous assure que je ne m'amusais pas à tremper mes pieds dans la mer.

ROBINEAU. Peut-être n'aimez-vous pas les voyages sur l'eau.

PIETRI. Sur la terre non plus. . . . Tel que vous me voyez, je ne suis jamais allé en Allemagne. . . . Entrez, puisque vous avez vos papiers, chauffez-vous.

ROBINEAU, *entre et s'assied près du poêle.* Il ne s'est pas éteint de la nuit, votre poêle!

PIETRI. Éteint! Ce n'est pas du charbon d'ici. Les douanes ont les bonnes adresses. Elles le font venir du Midi. C'est du vrai Carmaux.*

ROBINEAUX. Vous ne préférez pas le chauffage central, comme ils l'ont mis à côté?

PIETRI. Est-ce que vous le préférez, vous? Est-ce que vous vous chauffez les mains à leur calorifère? Et tous les animaux de la gare allemande, le chien du chef, la cigogne du buffet; il ne s'ecoule pas d'heure où je n'aie à leur faire repasser à coup de pied dans le derrière la ligne idéale. . . .

ROBINEAU. Cela fait deux chauffages dans la même salle. Cela doit intriguer les voyageurs.

PIETRI. Les voyageurs sauront que l'Allemagne a le chauffage central et la France le chauffage individuel. Ça m'étonne qu'ils n'aient pas encore installé, à côté, le fumage central pour les fumeurs. Je sais que le réseau intrigue avec l'union des droites et l'administration allemande* pour me mettre des radiateurs. Ce jour-là, je cesse d'être douanier.

ROBINEAU. Ce serait dommage. Ça doit être intéressant d'être douanier.

PIETRI. C'est jusqu'ici le seul moyen connu de devenir brigadier des douanes.* ... Vous êtes dans l'instruction?

ROBINEAU. Ça se voit?

PIETRI. Ça se sent. On sent que chez vous la contrebande est à l'intérieur. Comment avez-vous vos retraites dans l'instruction?

ROBINEAU. Nos retraites?

PIETRI. On multiplie le chiffre des années de service civil par 7 et on retranche le chiffre des années de douane multiplié par 2, comme chez nous?

ROBINEAU. Non. Dans l'université on multiplie les années de service militaire par 12 et on divise par le commun diviseur des années de service civil et de l'âge total.

PIETRI. C'est plus logique. ... Vous prenez le train de 8 heures.

ROBINEAU. Je ne sais encore. Je surveille le train de Gotha. J'attends quelqu'un.

PIETRI. C'est pour patienter que vous avez perdu votre temps à me faire la conversation?

ROBINEAU. Je n'ai pas perdu mon temps. Vous ne pouvez savoir quelle force cela m'a redonné d'entendre parler à nouveau de retraite hors classe, de manille, de plat à l'ail. C'est une bouffée d'oxygène pour un organisme français.

PIETRI. Nous n'avons pas parlé de manille.

ROBINEAU. Si, si. C'était compris dans l'ensemble. En tout cas, cela m'a donné soif et faim d'entendre parler d'apéritif.

PIETRI. Nous n'avons pas parlé d'apéritif.

ROBINEAU. C'est curieux. J'ai l'impression que nous n'avons parlé que de cela. ... Oui, pour la première fois depuis trois jours, j'ai faim. Faim d'omelette au lard et de poulet rôti.

PIETRI, *bougon.* Le buffet allemand est ouvert. Ils ont une spécialité de boulettes de mie de pain au cumin.*

Le douanier allemand entre et époussète hâtivement une banquette de cuir.

PIETRI. Guten tag, Schumann.

SCHUMANN. Bonchour, Pietri.

PIETRI. Je croyais qu'il était convenu que chacun époussèterait en partant de la ligne idéale vers l'extérieur.... Tu pourrais garder ta poussière pour ton pays.

SCHUMANN. Excuse.

PIETRI. Quels sont ces deux hommes en manteau qui font les cent pas sur ton quai?... Je t'avertis que je les fouille.... A cause du mois de janvier, tous tes voyageurs m'introduisent des jouets. J'ai pincé, hier encore, sur ta bonne sœur, deux mécanos complets.* Je suis sûr qu'ils sont pleins de toupies à vapeur, ces deux individus.

SCHUMANN. Aucune chance. . . . Ce sont les deux généraux qui ont pris un train spécial pour arriver avant le train de Gotha.... Ils attendent quelqu'un....

Robineau voit les deux généraux passer et va rapidement vers le buffet allemand où il entre.

PIETRI. Vous pourriez fermer votre portillon. (*Il éternue.*) Les gens ne se rendent pas compte du courant d'air que c'est pour un douanier, un portillon de frontière ouvert!...

SCÈNE II
LEDINGER. WALDORF

Les deux généraux entrent, introduits par Schumann.

WALDORF. Il passera ici?

SCHUMANN. Tous les voyageurs qui vont en France passent ici, Excellence.... Son train entre en gare. Vos Excellences ont des ordres?

WALDORF. Nous repartons pour Gotha par le premier rapide. Vous retiendrez nos places.

SCHUMANN. Entendu, Excellence. Deux places?

WALDORF. Non. Trois.

Schumann sort.

LEDINGER. Il est parti déguisé, Waldorf?

WALFORD. Non. Il a pris un vêtement noir. Son propre deuil. Cela doit faire assez triste sur la neige.

LEDINGER. Cette femme est avec lui?

WALDORF. Ils ne se sont pas revus. Elle a disparu quelques heures avant lui. Il est parti seul, sans bagages.

LEDINGER. Il avait déchiré des papiers, m'a-t-on dit?

WALDORF. Rien d'important. Sa carte d'entrée gratuite dans les musées allemands, ses permis de demi-place pour l'opéra et pour le canotage sur les lacs bavarois. Il y a pas mal de belles choses dans la vie pour lesquelles il va payer maintenant plein tarif.

LEDINGER. Il n'a laissé aucune lettre?

WALDORF. Deux. L'une pour le receveur des impôts; il payait ce qu'il devait à la date d'hier. L'autre pour la ville, il lègue ce qu'il possède à des œuvres. Un vrai mort, quoi, Ledinger!

LEDINGER, *qui observait par le vitrage.* Voilà le mort!

Ils se lèvent, face à la porte.

SCÈNE III

SIEGFRIED. WALDORF. LEDINGER

Siegfried entre, aperçoit les généraux, s'arrête.

WALDORF. Bonjour, Excellence.

SIEGFRIED. Bonjour, Waldorf. . . . C'est pour me dire adieu que vous êtes venu jusqu'ici?

WALDORF. Non, Excellence.

SIEGFRIED. C'est pour me replacer là où l'Allemagne m'a trouvé jadis, dans mon berceau allemand, dans une gare?

WALDORF. Non, Excellence.

SIEGFRIED. C'est pour me retenir, pour me ramener avec vous?

WALDORF. Oui.

LEDINGER, *avançant un peu*. Nous venons vous supplier, mon cher Siegfried, de revenir sur votre décision.

SIEGFRIED. J'ai eu à décider de quelque chose?

WALDORF. Du choix de votre patrie.

SIEGFRIED. Cette décision avait été prise le jour où je suis né.

LEDINGER. Vous avez eu deux naissances, Siegfried....

SIEGFRIED. Il en est des naissances comme des morts. La première est la bonne.

LEDINGER. Le temps presse, Siegfried. Nous nous parlons entre deux trains.

SIEGFRIED. Justement.... (*Ledinger s'approche avec élan de Siegfried.*) Qu'avez-vous, mon cher Ledinger?

LEDINGER. Revenez avec nous, mon ami. Vous souffrez. Vous avez maigri. Revenez.

SIEGFRIED. Oui, j'ai maigri, Ledinger. Mais, autant que de la grandeur de la perte, c'est de la grandeur du cadeau que j'ai souffert ces nuits dernières. Un convalescent, comme moi, aurait plutôt besoin en effet d'une patrie minuscule. Celui qu'on ampute subitement de l'Allemagne et sur lequel on charge la France, il faudrait que les lois de l'équilibre fussent vraiment bouleversées pour qu'il n'en éprouvât aucun trouble. Je vous dirai que j'ai songé, avant-hier, à disparaître, à chercher un asile dans un troisième pays, dans un pays que j'aurais choisi autant que possible sans voisins, sans ennemis, sans inaugurations de monuments aux morts, sans morts. Un pays sans guerre passée, sans guerre future.... Mais plus je le cherchais sur la carte, plus les liens au contraire qui m'attachent aux nations qui souffrent et pâtissent se resserraient, et plus je voyais clairement ma mission.

WALDORF. Je la connais, cette mission. C'est la mission des hommes d'État, des créateurs d'État. Elle se résume en un seul mot: servir.

SIEGFRIED. Belle devise!

WALDORF. C'est la devise de tous ceux qui aiment commander. On ne commande bien qu'à l'Allemagne.

LEDINGER. S'il s'agit pour vous de servir, ô notre ami, revenez avec nous. On ne sert bien que l'Allemagne. C'est le seul pays du monde où les fonctions d'obéissance, de respect, de discipline aient encore la fougue de leur jeunesse. La moindre indication donne à notre patrie des puissances neuves et cette virginité cruelle qui justifie déchaînements et sacrifices. Toute nourriture d'État profite à l'Allemagne comme la phosphatine* à un enfant géant. Que le serviteur de l'État chez nous dise un seul mot, et nos fleuves, au lieu de courir vers le Nord, deviennent de bienfaisants canaux, traversent de biais l'Allemagne, et soixante millions de visages se tournent vers l'Orient ou vers l'Occident, et de nouvelles notions de l'honneur et du déshonneur surgissent. Abandonner le service de l'Allemagne pour celui d'un autre peuple, c'est, quand vous êtes laboureur, renoncer à la terre où les plantes poussent en un jour pour celle où elles ne fleurissent que tous les cent ans. Si vous aimez les fruits, ne renoncez pas à elle, et surtout pour servir la France.

SIEGFRIED. Il est difficile de servir la France?

LEDINGER. Pour celui qui aime modeler l'âme d'un pays, pétrir son avenir, impossible.

SIEGFRIED. Pourquoi, Ledinger?

LEDINGER. La France possède cette particularité d'avoir un destin si net que seuls les esprits chimériques peuvent s'imaginer la conduire, et des esprits hypocrites le laisser croire à son peuple. C'est le seul pays du monde dont l'avenir semble toujours strictement égal à son passé. Le sens de ses institutions, de ses fleuves, de sa race est depuis si longtemps trouvé que les commandements de la patrie ne sont plus donnés aux Français par les voix de leurs chefs, mais par des voix intérieures, comme de vrais commandements. Qu'iriez-vous faire dans ce pays qui ne comporte plus que des améliorations de détail à son chauffage central ou à ses lois d'hygiène? Ses artisans servent la France, ses écrivains, ses ingénieurs, ses pyrograveurs. Ses miniaturistes la servent, car on ne peut plus la servir qu'en l'ornant, fût-ce sur un centimètre carré. Mais cette succession annuelle ou mensuelle de gouvernements, presque rituelle, vous prouve que ses meilleurs hommes d'État aiment borner leur ambition à faire, alternativement, les extras d'un pilote invisible et silencieux.*

SIEGFRIED. Je ne pensais pas à de si hauts devoirs en prononçant le mot mission. Je pensais seulement que la seule unité de cette existence hachée a été de ne jamais me dérober, ni aux appels qui viennent de l'ombre ni à ceux qui viennent de la lumière. De quel droit me déroberais-je à cette parenté nouvelle? En quoi pouvez-vous souffrir, si je vais, bien silencieusement, je vous assure, d'une main anonyme et aveugle, reconnaître le visage de mon passé? Si mon oreille est soudain curieuse d'apprendre quel est le bruit des trains sous les ponts, le cri des enfants, le silence nocturne de mon ancien pays? Ce voyage que les descendants d'émigrants s'imposent, après des siècles, entre l'Amérique et leur village natal, pourquoi, à dix années d'écart, n'aurais-je pas le droit de l'entreprendre? Je ne vous abandonne pas. Je ne vous fuis pas. Dans cette Europe que le gel recouvre d'un uniforme, je veux savoir quel était le gel et la neige de mon enfance. Le ville est calme pour longtemps. Un autre peut remplir mon office. Je pars.

WALDORF. C'est votre dernier mot, Excellence?

SIEGFRIED. C'est mon dernier mot d'Excellence.

Un silence.

WALDORF. Soit, Siegfried. . . . Il faut bien que nous nous inclinions. Mais en revanche je crois que nous devons exiger de vous un sacrifice. . . . Puis-je parler?

Siegfried fait un geste affirmatif.

WALDORF. Vous voilà adossé à une autre frontière. Mais les Allemands vous croient encore au centre de l'Allemagne. Nos postes sont combles de lettres qui vous cherchent. Chaque cœur allemand contient votre nom comme son noyau. Nous pensons qu'il serait criminel de détruire votre propre tâche en disant à ce peuple, qui vous a donné sa foi, que vous n'existez plus pour lui, que vous l'avez abandonné.

SIEGFRIED. Je comprends. Vous préférez lui dire que je n'existe plus?

WALDORF. Ne serait-il pas plus utile et plus beau que vous disparaissiez pour le peuple allemand comme vous lui êtes né? Craignez de changer en stupeur, peut-être en un scandale néfaste aux deux pays, l'amour que nous tous avons pour vous. Il suffirait que nous attestions, Ledinger et moi, vous avoir vu blessé l'autre nuit auprès du quartier incendié, et tomber dans les flammes.

SIEGFRIED. C'est votre avis, Ledinger?

LEDINGER. Oui, Excellence.

SIEGFRIED. Cela ne surprendra personne? Le remède n'est pas pire que le mal?

LEDINGER. Certes non! A aucun événement les hommes ne sont plus préparés qu'à la mort de leurs grands hommes. Que le camarade avec lequel ils mangèrent la veille du saucisson ait pu quitter la vie, cela dépasse leur imagination. Mais la mort de leur grand savant, de leur grand général est pour ceux qui l'aiment une preuve de son caractère divin et insaisissable, et pour les envieux une flatterie.

SIEGFRIED. Je déteste flatter. Siegfried vivra.

LEDINGER. Croyez Waldorf, Excellence, il a raison. Je pencherais seulement pour un autre genre de mort qui ne lie pas trop étroitement votre nom à la politique. La gloire de Siegfried doit être au-dessus des partis. Je pencherais pour une mort accidentelle, une chute dans la rivière, ou plutôt dans l'un de ces lacs si transparents et où pourtant rien ne se retrouve.

SIEGFRIED. Vous êtes généreux, mes amis. Vous m'offrez une mort glorieuse. J'ai le choix. Je peux mourir à la façon des phénix, dans le feu, dans le feu d'un bazar de luxe.* Je peux mourir à la façon de nos héros romantiques, dans ces étangs d'ailleurs gelés où Ledinger me pousse de ses sympathiques mains. . . . Une mort, avec prime, avec une prime rarement réservée aux morts, la vie. . . . Je n'accepte pas. Un monument en pied* à Munich pour Siegfried, une colonne brisée à Paris pour Forestier. Je serais trop entre ces deux cadavres.

LEDINGER. Vous préféreriez vivre entre deux ombres?

SIEGFRIED. Je vivrai, simplement. Siegfried et Forestier vivront côte à côte. Je tâcherai de porter, honorablement, les deux noms et les deux sorts que m'a donnés le hasard. Une vie humaine n'est pas un ver. Il ne suffit pas de la trancher en deux pour que chaque part devienne une parfaite existence. Il n'est pas de souffrances si contraires, d'expériences si ennemies qu'elles ne puissent se fondre un jour en une seule vie, car le cœur de l'homme est encore le plus puissant creuset. Peut-être, avant longtemps, cette mémoire échappée, ces patries trouvées et perdues, cette inconscience et cette conscience dont je souffre et jouis également, formeront un tissu logique et une existence simple. Il serait excessif que dans une âme humaine, où co-habitent les vices et les vertus les plus contraires, seuls le mot «allemand» et le mot «français» se refusent à composer. Je me refuse, moi, à creuser des tranchées à l'intérieur de moi-même. Je ne rentrerai pas en France comme le dernier prisonnier relâché des prisons allemandes, mais comme le premier bénéficiaire d'une science nouvelle, ou d'un cœur nouveau. . . . Adieu. Votre train siffle. Siegfried et Forestier vous disent adieu.

WALDORF. Adieu, Siegfried. Bonne chance. Mais il nous est dur de voir celui qui voulait ruiner l'Allemagne et celui qui l'a sauvée prendre le même train, à un jour d'intervalle et gagner le même refuge.

SIEGFRIED. Je suis le moins à plaindre, Waldorf, ma terre d'exil est ma patrie.

LEDINGER. Adieu, Siegfried. Bonne chance. Songez à ce masque que portent tous les Français, qui les préserve de respirer les gaz délétères de l'Europe, mais qui obstrue souvent et leur respira-tion et leur vue.

SIEGFRIED. Je serai le Français au visage nu. Cela fera pendant à l'Allemand sans mémoire.

Les généraux s'inclinent et sortent.

SCÈNE IV

SIEGFRIED. ROBINEAU

Robineau entre par la gare allemande.

ROBINEAU. Monsieur Forestier.

Siegfried sursaute.

SIEGFRIED. Excusez-moi. C'est la première fois que je m'entends appeler, par ce nom.

ROBINEAU. Vous me reconnaissez?

SIEGFRIED. Votre français canadien va me nuire tout à l'heure dans ce train, Monsieur Robineau.... Que faites-vous dans cette gare, seul comme moi?

ROBINEAU. Je ne suis pas seul. (*Silence.*) Elle est là, dans la salle d'attente.... Jamais le mot attente n'a eu son sens aussi plein.... Quand j'aperçois son visage à travers la vitre, au-dessous de l'inscription, j'en ai le cœur serré.... C'est notre avantage, à nous philologues, de voir quand les mots sont gonflés de leur beauté natale. Auprès de Geneviève, c'est le cas pour le mot attente, en ce moment, et pour deux autres mots d'ailleurs.

SIEGFRIED. Lesquels?

ROBINEAU. Le mot dévouement, d'abord, et puis un autre mot que je prononce assez mal.

SIEGFRIED. Quel mot?

ROBINEAU. Je vous envoie Geneviève, Forestier.

Il sort.

SCÈNE V

SIEGFRIED. PIETRI, puis GENEVIÈVE

Resté seul, Siegfried avance machinalement vers le coté français, et traverse sans s'en rendre compte le portillon. Le douanier installé derrière le guichet l'interpelle.

PIETRI. Eh, là-bas!

SIEGFRIED. Vous m'appelez?

PIETRI. Qu'est-ce que vous faites là?

SIEGFRIED. Comment, là?

PIETRI. Qu'est-ce que vous faites en France?

SIEGFRIED. Ah! en France....

PIETRI. Vous voyez bien la ligne jaune sous le portillon, c'est la frontière.

SIEGFRIED. Je l'ai passée?

PIETRI Oui.... Repassez-la!

SIEGFRIED. J'entre en France justement. J'ai mes papiers.

PIETRI. On entre en France à 7 h. 34, et il est 7 h. 16.

Avant de sortir par le portillon, Siegfried fait une caresse à la chaleur du poêle.

PIETRI, *adouci.* C'est pour vous chauffer ou pour entrer en France que vous étiez venu dans ma salle?

SIEGFRIED. Pourquoi?

PIETRI. Vous pouvez vous chauffer par-dessus la planche; ça m'est égal que vos mains soient en France.

SIEGFRIED. Merci.

Siegfried se chauffe les mains, accoudé à la planche, l'œil attiré par le paysage d'en face que l'aube éclaire.

SIEGFRIED. C'est la première ville française qu'on voit là?

PIETRI. Oui, c'est le village.

SIEGFRIED. Il est grand?

PIETRI. Comme tous les villages. 831 habitants.

SIEGFRIED. Comment s'appelle-t-il?

PIETRI. Comme tous les villages. Blancmesnil-sur-Audinet.

SIEGFRIED. La belle église! La jolie maison blanche!

Geneviève est sortie du buffet allemand. Elle est dos au village. Elle n'essaye pas de le voir.

GENEVIÈVE. C'est la mairie.

Siegfried se retourne, et la regarde, étonné.

PIETRI. Vous connaissez le village, Mademoiselle?

GENEVIÈVE. Et à mi-flanc de la colline, ce chalet de briques entre des ifs, avec marquise et véranda, c'est le château.

PIETRI. Vous êtes d'ici?

GENEVIÈVE. Et au bout de l'allée des tilleuls, c'est la statue. La statue de Louis XV ou de Louis XIV.

PIETRI. Erreur. De Louis Blanc.*

GENEVIÈVE. Et cet échafaudage dans le coin du champ de foire, c'est sur lui que les pompiers font l'exercice, le premier dimanche du mois. Leur clairon sonne faux.

PIETRI. Vous connaissez Blancmesnil mieux que moi, Mademoiselle.

GENEVIÈVE. Non. Je ne connais pas Blancmesnil. Je ne l'ai jamais vu. . . . Je connais ma race. (*Sonnerie.*) C'est le train?

LE DOUANIER. Non, c'est l'appel pour les gros bagages. . . . Suivez-moi.

GENEVIÈVE. Nous n'avons pas de gros bagages.

LE DOUANIER. Vous les avez envoyés d'avance.

GENEVIÈVE. Oui, sept ans d'avance.

PIETRI. Sept ans? Alors ça ne regarde plus la douane. Ça regarde la consigne.

Il sort.

SCÈNE VI

SIEGFRIED. GENEVIÈVE

SIEGFRIED. Que faites-vous dans cette gare, Geneviève?

GENEVIÈVE. Je cherche quelqu'un, Jacques.

SIEGFRIED. Celui que vous cherchez n'est pas ici.

GENEVIÈVE. Ne croyez pas cela. Il est là quand j'y suis. . . . Vous paraissez surpris de me trouver aujourd'hui si peu lugubre, presque gaie. . . . C'est que cet être que vous dites invisible, muet, je le vois, je l'entends. . . .

SIEGFRIED. Pourquoi m'avoir suivi?

H

GENEVIÈVE. Depuis avant-hier je vous suis, Jacques. J'avais pris une chambre en face de votre chambre. Je vous ai vu de ma fenêtre toute la nuit. Vous n'avez guère dormi.

SIEGFRIED. Jacques a dormi. Siegfried a veillé.

GENEVIÈVE. Vous êtes resté au balcon jusqu'à l'aube. C'était imprudent par ce froid. Je n'ai pas osé vous faire signe de rentrer. J'ai pensé que vous vous entreteniez avec quelqu'un d'invisible, avec quelque chose muette, avec la nuit allemande, peut-être.

SIEGFRIED. Je me croyais seul avec elle.

GENEVIÈVE. Eh bien, non, j'ai tout vu. Quand la neige est tombée, vous êtes resté là. Vous étiez tout blanc. Vous étendiez vers elle votre main, votre main couverte d'elle. Regarder la nuit, caresser la neige, c'est une étrange façon de dire adieu à l'Allemagne.

SIEGFRIED. C'est pourtant l'adieu qui m'a le plus coûté. C'est de cette neige, qui recouvre des continents, de ces étoiles, indivises pour l'Europe, de ce torrent, à voix aussi latine que germaine que me venaient les suprêmes appels de ce pays. Sur toute cette étendue, où les morts et les vivants étaient pareillement couchés et dont seules les statues trouaient le linceul, il régnait une allure des vents, une ronde des reflets,* une conscience nocturne dont je ne pouvais me détacher. Les grands hommes d'un pays, son histoire, ses mœurs, c'est presque un langage commun aux peuples, tandis que l'angle d'incidence sur lui des rayons de la lune, c'est un bien que nul ne peut lui ravir. Si bien que lorsque la nuit a pâli, hier matin, c'était mon passé qui pâlissait, il me semblait que j'avais pris mon vrai congé et que j'étais prêt.

GENEVIÈVE. Vous me soulagez, Jacques. Je craignais tellement dans votre cœur une confrontation plus terrible! Je voyais lutter en vous chaque gloire de votre patrie passagère et de votre patrie retrouvée. Je m'étais juré le silence. Passer des armes en sous-main à un duelliste, fût-il Bayard* ou Napoléon, m'eût répugné. Mais s'il s'agit pour elles d'un duel entre aubes et crépuscules, d'un concours entre torrents et lunes, je suis déliée de tout scrupule.

SIEGFRIED. Pourquoi m'avoir suivi?

GENEVIÈVE. Pourquoi m'avoir fuie, Jacques? Vous ne pensiez pas que je pourrais vous laisser rentrer en France sans vous rendre tout ce que j'ai de vous, toute cette consigne de souvenirs, d'habitudes que j'ai gardée fidèlement, et vous laisser aller en aveugle dans votre nouvelle vie. Siegfried est sauf. Occupons-nous un peu de Forestier. C'est lui qu'il faut refaire maintenant. Confiez-vous à moi. Je sais tout de vous. Jacques était très bavard.

SIEGFRIED. Vous entreprenez une tâche bien longue.

GENEVIÈVE. Bien longue? Nous avons dix minutes. C'est plus qu'il n'en faut pour que je vous rende, au seuil de votre existence neuve, toutes vos vertus originelles.

SIEGFRIED. Et les défauts?

GENEVIÈVE. Ceux-là reviendront sans moi. Il suffira que vous viviez avec quelqu'un que vous aimiez. . . . Non, je ne veux pas que si un douanier français vous arrête, un douanier curieux qui vous demande si vous êtes courageux, si vous êtes prodigue, quels sont vos plats préférés, vous ne puissiez lui répondre. Cet air gauche que vous avez, celui d'un cavalier sur une monture dont il ne connaît pas les manies, il doit disparaître dès aujourd'hui. Approchez, Jacques. Je vais vous délier de tous ces secrets que vous ne compreniez pas. (*Elle s'assied sur le banc et l'attire.*) Approchez. Rien de Jacques n'a changé. Chacun de vos cils a miraculeusement tenu au bord de vos paupières. Vos lèvres avaient déjà de mon temps, avant de goûter à tous les maux, ce pli doux et amer, donné d'ailleurs par les plaisirs. Tout ce que tu crois sur toi la trace du malheur, c'est peut-être à la joie que tu le dois. Cette cicatrice que tu portes au front, ce n'est pas la marque de la guerre, mais d'une chute de bicyclette dans une partie de campagne. Jusqu'à tes gestes sont aussi plus anciens que tu ne crois. Si tes mains s'élèvent parfois à ton cou, c'est que tu portais autrefois une régate et tu tirais à chaque instant sur elle. Et ne crois pas que ton clignement de l'œil vienne de tes souffrances, de tes doutes: tu l'avais pris, à porter un monocle, malgré mes avis. J'ai acheté une cravate hier, avant de quitter Gotha. Tu vas la mettre.

H*

SIEGFRIED. Le douanier nous regarde.

GENEVIÈVE. Tu étais hardi, courageux, mais tu as toujours eu peur des douaniers qui regardent, des voisins qui écoutent. Ce n'est pas l'Allemagne qui t'a rendu aussi prudent et méfiant. Quand tu me conduisais en canot sur la Marne et que nous divaguions sans fin, il suffisait du chapeau d'un pêcheur pour te faire ramer en silence.

SIEGFRIED. Ramer? Je sais ramer?

GENEVIÈVE. Tu sais ramer, tu sais nager, tu plonges. Je t'ai vu plonger une minute entière! Tu ne revenais pas. Quel siècle d'attente! Tu vois, je te rends déjà un élément. Toutes les rivières que nous allons rencontrer en chemin, tu auras déjà avec elles ton assurance d'autrefois. C'est avec toi que j'ai vu la mer pour la première fois. L'as-tu revue?

SIEGFRIED. Non.

GENEVIÈVE. Et les montagnes! Tu ne saurais t'imaginer comme tu gravis facilement les montagnes. A chaque rocher, tu me déchargeais d'un fardeau, d'un vêtement. Tu arrives à leur sommet avec des sacs à main, des ombrelles, et moi presque nue.

Un silence.

SIEGFRIED. Où vous ai-je rencontrée?

GENEVIÈVE. Au coin d'une rue, près d'un fleuve.

SIEGFRIED. Il pleuvait sans doute? Je vous ai offert un parapluie, Geneviève, comme on fait à Paris?

GENEVIÈVE. Il faisait beau. Il faisait un soleil incomparable. Tu as pensé peut-être que j'avais besoin d'être protégée contre ce ciel inhumain, ces rayons, cette beauté. Je t'ai accepté pour compagnon. Nous allions le long de la Seine. A chaque minute de cette journée, je t'ai découvert comme tu te découvres toi-même aujourd'hui. Je savais, le soir, quels sont tes musiciens, tes vins, tes auteurs, qui tu avais aimé déjà. Je te dirai cela aussi, si tu le désires. Le lendemain, nous avons fait une autre promenade, presque la même, mais dans ton automobile. Je me préparais à faire cette promenade toute ma vie, à une vitesse chaque jour décuplée.

SIEGFRIED. Mon automobile? Je sais conduire?

GENEVIÈVE. Tu sais conduire. Tu sais danser. Que ne sais-tu pas? Tu sais être heureux.

Un silence.

SIEGFRIED. Je vous aimais?

GENEVIÈVE. Toi seul l'as su. Je comptais sur ton retour pour le savoir moi-même.

Un silence.

SIEGFRIED. Nous étions seulement fiancés, Geneviève?

GENEVIÈVE. Non, amants. (*Un silence.*) Tu sais être cruel. Tu sais tromper. Tu sais mentir. Tu sais combler une âme d'un mot. Tu sais d'un mot éteindre une journée d'espoir. Pas de dons trop particuliers pour un homme, tu vois. Tu sais, même avec ta mémoire, oublier.... Tu sais trahir.

Il va vers elle.

SIEGFRIED. Je sais te prendre ainsi?

GENEVIÈVE. Le douanier nous écoute. C'est cela, tire ta régate....

SIEGFRIED. Je sais te serrer dans mes bras?

GENEVIÈVE. Ah! Jacques. Dans le pays de l'amour ou de l'amitié, cet élan que tu sens au fond de toi vers l'avenir, c'est là le vrai passé. Viens vers cette patrie, sans conditions et sans scrupule.

SIEGFRIED. Je savais te plaire, te parler?

GENEVIÈVE. Tu me parlais de mon passé à moi. Tu en étais jaloux. Tu ne me croyais pas. J'étais le Forestier d'alors.

Un silence.

SIEGFRIED, *qui tient toujours Geneviève.* Qui es-tu, Geneviève?

GENEVIÈVE. Tu dis, Jacques?

SIEGFRIED. Qui es-tu.... Pourquoi souris-tu?

GENEVIÈVE. Je souris?

SIEGFRIED. Pourquoi ces larmes?

GENEVIÈVE. Parce que Jacques reviendra. J'en suis sûre maintenant. Qui je suis? Ton démon a donc enfin lâché sa propre piste pour celle d'une autre.... Tu es sauvé.... Un passé? Ah! Jacques, n'en cherche plus pour nous deux. N'en avons-nous pas un nouveau? Il n'a que trois jours, mais heureux ceux qui ont un passé tout neuf. Ce passé de trois jours a déjà fait disparaître pour moi celui de dix années. C'est dans lui que chacune de mes pensées va chercher maintenant sa joie ou sa tristesse. . . . Te souviens-tu, dans la pension, quand tu es arrivé vers moi, claquant les talons pour te présenter? Tu mets du fer, pour qu'ils claquent ainsi, ou les Allemands ont-ils d'eux-mêmes ce son d'acier? Comme cela est loin, mais comme je le vois! Tu avais tiré de ta pochette un beau mouchoir saumon et vert pour plaire à cette Canadienne. Veux-tu prétendre que tu as oublié tout cela?

SIEGFRIED. Non. Je me souviens.

GENEVIÈVE. Te souviens-tu de notre leçon, de ta méchanceté à propos de la neige, de ta cruelle ironie à propos de ma robe de fermière?

SIEGFRIED. Je me souviens. Tu avais mis un chapeau gris perle avec un ruban gris souris, pour plaire à cet Allemand.

GENEVIÈVE. Lui plaisais-je?

SIEGFRIED. Te souviens-tu de mon retour subit avant l'émeute, de nos adieux, de ce parapluie que je revenais chercher contre l'inquiétude, le désespoir? Comme il a plu, Geneviève!

GENEVIÈVE. Quel grand feu de bois nous allumerons, ce soir, pour nous sécher!

Sonnerie.

SIEGFRIED. Voici le train. Passons. . . . Passe la première, Geneviève.

GENEVIÈVE. Pas encore. . . .

SIEGFRIED. Mais c'est le signal allemand pour fermer les portières.

GENEVIÈVE. C'est le signal français pour accrocher le cheval blanc à la plaque tournante. . . . J'ai à te dire un mot.

SIEGFRIED. Tu le diras là-bas. . . .

GENEVIÈVE. Non. C'est de ce côté-ci de la ligne idéale que je dois te le dire. . . . Te souviens-tu, toi qui te souviens de tout, que jamais je ne t'ai appelé par ton nom allemand?

SIEGFRIED. Mon nom allemand?

GENEVIÈVE. Oui. Je me suis juré de ne jamais le prononcer. Un supplice ne l'arracherait pas de ma bouche. . . .

SIEGFRIED. Tu avais tort. C'est un beau nom. Alors?

GENEVIÈVE. Alors? Approche. . . . Laisse ce portillon. . . .

SIEGFRIED. Me voilà. . . .

GENEVIÈVE. Tu m'entends, Jacques?

SIEGFRIED. Jacques t'entend.

GENEVIÈVE. Siegfried! . . .

SIEGFRIED. Pourquoi Siegfried?

GENEVIÈVE. Siegfried, je t'aime!

RIDEAU

NOTES

41 **Gotha**: A town in Thuringia which is the former residence of
the dukes of Saxe-Coburg-Gotha. Since 1763 there has been
published each year in Gotha a genealogical, diplomatic and
statistical almanac: *The Gotha Almanac*. It is published in both
French and German. It is perhaps partly this example of Franco-
German co-operation which moved Giraudoux to situate the
action of his play in Gotha.

le général Ludendorff: Erich Ludendorff (1865–1937). A German
soldier who joined the Prussian army in 1883. He played
a prominent part in the mobilization preparations for the First
World War. He believed in the theory of annihilation; to defeat
the enemy army is not enough, it must be destroyed. He saw
complete military victory as the only possible means of winning
peace and honour. In the spring of 1919, at the end of the First
World War, he became the centre of the forces of extremist
reactionary conspiracies. In 1923 he was openly connected with
the attempted *coup* of Adolf Hitler. The attempt to establish an
anti-Marxist dictatorship in Germany failed. In 1924 Ludendorff
entered the Reichstag as a National Socialist.

le Président Rathenau: Walter Rathenau (1867–1922). A
German statesman and industrialist. At the end of the First
World War he attempted to found a middle class Democratic
Party, in an effort to bridge the gulf between the middle class
and the working class, and thus to restore national unity. He
joined the German Government in 1921. He attempted to reach
an economic understanding with France and Great Britain.
In 1922 he won some concessions concerning the reparation
clauses of the Treaty of Versailles, having convinced the Allies
that it was impossible for Germany to carry out their reparation
demands in full. He became Minister of Foreign Affairs in 1922,
when he negotiated the Treaty of Rapallo with the Russians. His
famous speech, made in Genoa in 1922, in which he pleaded for

reason to replace blind hatred, ended with Petrarch's cry: 'Pace, pace, pace'. Rathenau was assassinated by German extremists on June 24th 1922.

We note that in the very opening lines of the play Giraudoux introduces the names of two immediately recognizable figures, identifiable as symbols of the two extreme conflicting German reactions in the years following the war.

42 **Lohengrin**: A reference to the hero of Wagner's opera, first produced in 1850, which is based upon the medieval legend of the Knight of the Swan treated by both French and German writers.

43 **Salomé**: An opera in one act by Richard Strauss, based on Oscar Wilde's French play. The German libretto is by Frau Hedwig Lachmann. It was first produced in Dresden in 1905, then in Paris at the Châtelet in 1907.

Le projet Siegfried! Ne dirait-on pas ... toute la légende allemande! ... : 'The Siegfried plan! You'd think I'd voted against the Valkyries and the whole of German legend!' A reference to the mythical national German hero, Siegfried, and in particular to Wagner's treatment of him in his cyclic work: *Der Ring des Nibelungen*; see Appendix for synopsis of the *Ring*, and Introduction pp. 29–30 for discussion of its relevance to Giraudoux's play.

44 **Constitution, Libéralisme, Vote plural**: Zelten alludes to the Weimar constitution of 1919 which instituted the German Republic. But this democratic régime had no real roots in German public opinion nor in the political parties which made up the coalition government. It was a compromise alliance of deeply conflicting political interests seeking to establish, broadly speaking, systems of government as widely differing as a proletarian dictatorship, a fascist dictatorship and a parliamentary democracy. The implication of Zelten's words is that, however liberal the government may appear to be and however democratic the electoral system may claim to be, such a misrepresentation of the true state of Germany has no chance of solving her problems.

Un modèle de l'ordre social ... une nation comme lui théorique, sans mémoire et sans passé: Zelten's comparison between the 'two Germanies' follows closely the argument already presented by Giraudoux in *Siegfried et le Limousin* in 1922. Deploring the advent of the centralized bureaucracy and the predominant influence of Prussianism upon the spirit of Germany, he evokes the pre-Bismarck Germany of small, independent principalities, with all the great music and poetry to which they gave birth, as an infinitely preferable ideal.

où les ruisseaux, tout en glace, sont sillonnés d'une rigole à leur thalweg: ' . . . where, in the valleys, narrow rills carve their way along the surface of the frozen streams. . . . '

45 Gustave Adolphe: Gustavus Adolphus (1594–1632), King of Sweden. During the Thirty Years War, 1618–48, he intervened in support of the Protestants of the North.

Les courriers à voiture jaune: German mail coaches; they were always painted yellow, as are German mail vans today.

des mains seules priant: perhaps a reference to the famous Dürer drawing *Die Hände*, 'The Hands'.

49 Frise-t-il?: 'Has he got curly hair?'

L'Orpheum . . . le Panoptikum . . . le Maximilianeum: Giraudoux at once satirizes and delights in the German fondness for pseudo-classical names ending in *um* for their public buildings.

50 Alcibiade: Alcibiades (*c.* 450–404 B.C.), an Athenian general and politician, and admirer of Socrates. He was involved in disputes between Athens and Sparta; neither side could ever trust him. He was finally murdered by the Spartans whilst in refuge in Phrygia.

sorbonnards: students of the Sorbonne.

Agadir: A town in French Morocco, a commercial centre on the Atlantic coast, which finally came under French rule in 1912. In 1911, during the French 'pacification' of Morocco, a German battle cruiser appeared in the port of Agadir. This led to a Franco-German dispute.

The conciliatory and pacific intentions of Giraudoux in writing *Siegfried*, and his belief in the value of a knowledge of our common cultural heritage, are well reflected in his juxtaposing the military confrontation of Agadir and the French student 'raid' on Saxon dialects.

rue du Bac: This street is on the edge of the Quartier Latin; it runs down from the Boulevard St. Germain to the Seine opposite the Tuileries.

51 Zelten . . . le seul Allemand qui subsiste: Zelten, in Robineau's description, represents all that Giraudoux admires in Germany and the Germans. He is convinced that the poetry and charm present in the person of Zelten still reflect the true spirit of the German people, but immediately points out that since the Franco-Prussian War (1870–71) and the triumph of Bismarck's Prussianism, the image which the nation presents to the world compares very unfavourably with the nineteenth-century ideal. The Prussian militarism of the North has eclipsed the cultured South.

tous ces défauts sonores et voyants: A great deal is implied in this short, impressionistic description of Zelten and the type of German he symbolizes. No literal translation can do justice to the meaning. Giraudoux uses the word 'défaut' ironically, for in his view Zelten's characteristics are not faults, though many would consider them to be so, but qualities. 'Sonores et voyants' refer to the characteristics of the romantic: his love of music, his belief in the importance of dream, vision and imagination as a means of understanding and appreciating the value and significance of life.

l'intimité avec les chimères, les distances avec les réalités: Again Giraudoux stresses the importance of dream and imagination incorporated in Zelten's attitude to life. External reality, as we perceive it through our senses, is to be kept at a certain distance and to be considered as only a partial and inadequate manifestation of total reality. Giraudoux expresses indirectly his dislike of the writers belonging to the school of realism.

52 à brûler nos villes et à se raser le crâne: A reference to German, and in particular Prussian military aggressiveness, and to the unattractive style of the Prussian close-cropped hair.

Schumann: Robert Schumann (1810–56), the German composer born in Saxony. He wrote piano music, songs, chamber music, orchestral works and concertos for piano and violin.

He was subject to bouts of deep depression, and, on February 27th 1856 he threw himself into the Rhine. He was rescued by boatmen and taken to a private asylum near Bonn. He died there in July 1856.

Louis de Bavière: Ludwig II, King of Bavaria (1845–86). Ludwig, a man of marked romantic tendencies, had a taste for solitude, and a great love of music, the theatre and sport. He was a Bavarian patriot and opposed to the increase in the power of Prussia. But he had not the force to resist Bismarck. In the Franco-Prussian War, Bavaria sided with Prussia, and in 1871 Ludwig offered the Imperial Crown to the King of Prussia. He was forced into this by Bismarck.

Ludwig was declared insane in 1886. In June of that year, whilst walking with his doctor, he threw himself off a rock into the Starnberger See, taking the doctor with him; both were drowned. Ludwig was a close friend of Wagner's and was greatly influenced by him.

Wagner: (1813–83), dramatic composer, poet and essay writer. (See Introduction and Appendix for further discussion of his relevance to Giraudoux's play.)

Frédéric Barberousse: Friederich Barbarossa (c. 1123–90), so called because of his red beard. Holy Roman Emperor and elected King of Germany in 1152. He was crowned King of Italy in 1155 and became Emperor in that same year.

In this passage Giraudoux does not seem to be referring to the fact that Wagner broke his nose, or that Barbarossa had anything wrong with his shoulder blade. He is rather mocking, with affectionate irony, Zelten's impulsive desire to emulate, in an exaggerated and ridiculous manner, his heroes. His surfeit of courage and enthusiasm make him very prone to accident.

Vercingétorix: (c. 72–45 B.C.). A Gaulish chieftain who led a coalition of Gaulish peoples against Caesar. He waged war against the Romans with great skill and success, but after the capture of Alesia by the Romans he fell into Caesar's hands and was executed in 45 B.C.

Blücher: (1742–1819). A Prussian general who fought several battles against Napoleon and intervened with crushing and decisive effect at the Battle of Waterloo, greatly aiding Wellington in his final victory.

Hippolyte-Amable: Giraudoux's full name was Hippolyte Jean Giraudoux. Perhaps understandably, he opted to be known as Jean. It seems certain that Giraudoux is poking fun at himself here, both in the name and the person of Robineau. In *Siegfried et le Limousin*, the character corresponding to Robineau, who also narrates the story, is called Jean. In education, war experience and love of Germany, Jean-Robineau and Giraudoux himself have much in common.

Zelten coins the name Amable for his French friend, a name evoking at one and the same time the related words: *amabilité*, kindness, civility, politeness; *aimable*, likable, kind; and, of course, *ami*, friend. This name sums up, by its associations, the nature of the relationship between Zelten and Robineau, and the attitude and behaviour towards Germany displayed by the Frenchman.

53 **Arminius**: (17 B.C.–A.D. 21). A German national hero. After serving in the Roman armies, Arminius rebelled against the Roman governor Quintilius Varus in an attempt to free his people from the Roman yoke. In A.D. 9, launching a surprise attack on Varus, he destroyed three legions of the Roman army. The Romans then withdrew westwards, from the Elbe frontier, forming a new frontier on the Rhine. In A.D. 15 Germanicus Caesar led the Romans against Arminius, and in the following year Arminius was defeated. But his rebellion was successful, for the Romans gave up all idea of an Elbe frontier.

54 **les dentales**: The consonants *t* and *d*, which one pronounces by placing the tongue against the teeth.

la révolution du 13 ou du 14 janvier 1921: Zelten's 'revolution' does not refer to any of the current revolutionary disturbances in Germany. The harsh reparation clauses of the Treaty of Versailles, 1919, and the uneasy compromise of the coalition government set up by the Weimar Constitution in the same year, certainly led to a situation of political unrest and revolutionary upheaval in Germany from 1920 onwards. For example, a communist insurrection in the Ruhr in March 1920 was suppressed by the German militia. Extreme right wing elements were also at work, attempting to replace the democratic régime

with an anti-Marxist dictatorship. But Zelten is not a twentieth-
century political figure; his revolution is not so much political
as anti-political. Its aim is to drastically reduce the power and
influence of all political parties and, in most romantic fashion,
as we see clearly in his reaction to his enforced abdication, to
re-establish poetry, music and a love of nature as the dominant
voice of the German people.

agrégé de grammaire: An *agrégé* is a student who has passed
the *agrégation*. Although the French education system is very
different from the English, and comparisons are necessarily
imprecise, we may say that the French *licence* corresponds ap-
proximately to the English B.A. or B.Sc., and the *agrégation*,
a higher degree, to our M.A. or M.Sc.

55 **le roman de la Rose**: a French medieval poem written in
octosyllabic couplets. The first part, of some 4000 lines, was
written by Guillaume de Lorris in the first half of the thirteenth
century. The second part, of some 18,000 lines, was written by
Jean de Meung between about 1275 and 1280. The first part,
in the form of an elaborate allegory, is an 'Art of Love', after
the manner of Plato, but in which love is seen as the courtly
gallantry of the day (*amour courtois*). The second part is composed
in a very different strain of coarse, realistic vigour. Meung's
doctrine is that all that is contrary to nature is vicious; his poem
is made up of a series of long digressions covering a wide range of
medieval thinking; there are satires on women, attacks on magis-
trates, the nobility, mendicant friars, property, pauperism,
marriage; and a discussion of the relationship between nature and
art.

A la place de St. Thomas . . . : a reference to the apostle
Thomas ('doubting Thomas'), who said that he would not believe
reports of the resurrection of Christ until he had actually put
his finger into Christ's wounds. Zelten mocks what he considers
to be unreasonable doubt in Robineau by laughing at the academic
philologist's unwillingness to believe anything until he sees it
written down.

mon drame débute . . . mais tu vois d'ici ma joie!: Zelten
is filled with joy at now being able both to give Siegfried back

his real identity and to destroy the abstract notion of the mythical national hero which he believes to be so harmful to Germany. In referring to melodrama, Zelten recognizes that the story he is telling Robineau may seem far-fetched and incredible. Indeed, melodramas are often concluded by the 'deus ex machina' of an identity plaque, a mole on the left shoulder etc., which, by revealing the true identity of the protagonist, solves all sorts of problems contained within the plot and brings the play to a neat, if somewhat forced end. But far from ending with the discovery of his true identity, the drama of Siegfried is only beginning, for Siegfried must now come to terms with his true identity, and Germany must seek an image other than the one she has been propagating through him.

Siegfried and Germany are to be reborn, a notion perhaps further alluded to indirectly in Zelten's words: 'par la croix de ma mère', which, as well as being just an exclamation, may refer, in this context, to the pain and joy experienced when man is born.

57 Phèdre: the heroine of Racine's great tragedy, *Phèdre*, 1667. In Greek legend, Phaedra is the daughter of Minos and Pasiphaë. With her sister Ariadne, she is carried off to Athens by Theseus and becomes his wife. When she meets Hippolytus, the son of Theseus and Hippolyte, Queen of the Amazons, she falls in love with him. Finding herself rejected, she commits suicide. Geneviève recognizes that, however unfortunate and unhappy she may be, being without family and having lost her fiancé, Forestier, she has not been chosen by destiny to be a tragic herione ("La tragédie n'arrive pas à m'embaucher").

Zelten, however, recognizes that Geneviève has been chosen to play the rôle of *femme fatale*, though not a tragic one ("Le personnel du destin obéit sans sonnettes"). For she is destined to lead Siegfried to accept and fulfil his own true personality, and, through her love for him, to symbolize the means by which France and Germany may achieve peace and friendship.

58 Disparu et reparu ... un laurier à Orléans: Geneviève's ironical reference to the monuments erected in honour of Forestier recalls Giraudoux's intense dislike of the national tendency to erect monuments in honour of the dead of the last war. He sees such a practice as a hypocritical exploitation of the young men killed in action and of the grief of those who mourn them. He believes it to be a means of stimulating nationalism and of arousing hatred for the enemy of the last war.

In the novel *Bella*, 1926, there is a vituperant attack upon Rebendart (a portrait of Poincaré, the French minister) who spends much of his time delivering patriotic and nationalist speeches in honour of the glorious dead, and in the course of which he always unveils 'son monument hebdomadaire aux morts'. In *La guerre de Troie n'aura pas lieu* of 1935, the hero, Hector, in his 'discours aux morts', which turns out to be a passionate plea to the living to appreciate and defend the beauty of peace and life, castigates this same cult of the dead.

59 Geheimrat: German equivalent of Privy Councillor.

61 un Chambéry-Fraisette: an apéritif. Chambéry is the chief town of Savoy; the drink is made up of the Savoy white wine, Chambéry, and of the juice of wild strawberries which also grow in the region.

L'Action Française: French newspaper of the right wing, directed by Charles Maurras (1868–1952) and Léon Daudet (1868–1942); it had strong monarchist and nationalist tendencies. The persuasive style of Maurras and the vigorous pamphleteering of Daudet made *L'Action Française* an influential enemy of the Third Republic.

La Lanterne: a radical French weekly journal directed by H. Rochefort which, in 1868 and 1869, launched a series of attacks against the French Empire.

62 dans ce style sécession . . .: a secession group of artists is a group of artists which breaks away from an already established school to form a school of its own. The German term *Sezessionsstil* is properly applied to the Austian art nouveau movement, which had its origin the Viennese *Sezession* of 1897, but in keeping with the tone of the ensuing scene, the stage direction is written in a spirit of irony, for Giraudoux, in sympathy with Geneviève, probably intends to convey the idea that the furnishings of Siegfried's office do not break away from one school of art to form another, but rather, despite their intention to be 'arty', are merely a demonstration of grossness, bad taste and whimsicality.

63 Kohlenschwanzbader, Weselgrosschmiedvater: names made up by Giraudoux; he jokes at German composite nouns.

Wotan: Wotan, or Odin, is the Scandinavian mythological god who is the source of all existence.

centauresses: female form of the centaurs. The centaurs, in fable, were originally a race of savage men living in Thessalonika. Later, they became a race of monsters, half man, half horse.

64 Hoffmann: E. T. A. Hoffmann (1776–1822), a German romantic writer, composer, theatrical manager, lawyer and many other things in a varied career. Hoffmann's strange, grotesque and fantastical tales make much use of the supernatural with inanimate objects coming to life.

alevins: 'alevins' are young fish used to stock pools for breeding purposes.

Legouvé: Ernest Legouvé (1807–1903), a French dramatist; his most famous play is *Médée*, 1855, which led to his election to the French Academy. After his election, he spent an increasing amount of his time in lecturing on women's rights and the education of children. He was, for many years, a champion of female emancipation and, in particular, of the cause of women's education. He wrote *La Femme en France au XIXe siècle*, 1864. Giraudoux's mention of him is particularly interesting. It seems very possible that he had Legouvé's work in mind when writing his *Intermezzo*, 1933, and most certainly when he wrote his lectures published under the general title, *La Française et la France*.

65 Judith: the Jewish heroine of the apocryphal *Book of Judith*, who charms Holophernes, the Assyrian leader, and, as soon as he falls asleep in his tent, takes his sword and cuts off his head, thus delivering her people. Giraudoux may here be referring in particular to the play *Judith* written by the German poetic dramatist Friedrich Hebbel (1813–63).

Some three years later, in 1931, Giraudoux was himself to write a *Judith*, the only one of his plays he called a tragedy. His play changes the emphasis of the Jewish tale, since, on meeting

Holophernes, Giraudoux's Judith falls in love with him and, in fulfilling the will of her people and the predictions of the prophets, destroys her own happiness.

Charlotte Corday: (1768–93), murdered Marat, the French Revolutionary leader and member of the moderate Girondin party, in 1793. She was the subject of two anonymous tragedies, *Charlotte Corday*, 1795, said to be by F. J. Gamon, and *Charlotte Corday*, 1797. Neither play is of any dramatic merit.

Socrate: Socrates (470–399 B.C.), the great Greek philosopher, creator of moral science. He never himself wrote books but his teaching has been handed down to us through the works of Plato and Xenophon, his pupils and friends. Socrates' method of teaching was based upon conversation and interrogation. Falsely accused of impiety by the state he was forced to take poison and met his death with great dignity and stoicism.

Danton: Georges-Jacques Danton (1759–94), one of the greatest statesmen of French Revolution, a powerful orator, principal organizer of the National Defence and promoter of the revolutionary tribunal, he considered the Reign of Terror as only a provisional form of government. Accused of being a moderate by Robespierre, he was beheaded in 1794; he went to his death proudly and with dignity.

Geneviève says she needs, in her present situation, a friend who will inspire her with the same courage which Socrates and Danton showed in their hour of trial.

du caporal: French tobacco.

les champs de houblon par les vignobles: 'replace ... hopfields by vineyards'. Siegfried must learn to replace things typically German (beer) by things typically French (wine). Perhaps Geneviève also refers subtly and indirectly to the Franco-German struggles for the possession of Alsace, famous both for its wines and its beer. In 1871, at the end of the Franco-Prussian War, the province of Alsace was ceded to Germany and remained German until the end of the First World War when, by the Treaty of Versailles, it once more became part of France.

66 Vermeer de Delft: Jan Vermeer (1632–75), the Dutch artist whose work, particularly in his later period, including such paintings as *The Coquette* and *Woman Reading*, is renowned for its softness and paleness of coloration, executed with great subtlety and delicacy. The mention of the Vermeer painting is intended to show that amidst all the German grossness, Siegfried has retained a taste for something subtle, simple and refined.

67 Que les nains rattrapent les centauresses dans le tiroir: this figurative remark may seem puzzling unless understood within the context of what is going on in this scene. Geneviève, horrified by the bric-à-brac and 'objets d'art', in what she considers to be bad taste, scattered about Siegfried's office, starts tidying up in preparation for the first French lesson. This consists of getting rid of as many of the offending objects as possible and, bundling as many of them as possible into the nearest drawer, she smilingly expresses the hope that the dwarfs and centauresses will take the hint and get on with their flirtations well out of sight.

69 les contributions directes allemandes depuis 1848: the year 1848 was one of great political and social unrest throughout Europe and is, in fact, known as 'the year of revolutions'. Particularly relevant in this context, perhaps, are the revolution in Paris bringing about the abdication of the king, Louis-Philippe, the revolt in Vienna, bringing about the end of the Metternich era, and the uprising in Berlin in support of the establishment of a constitutional monarchy. In the German uprisings, the army, working in the interests of absolute monarchy, had the situation well under control.

Siegfried wryly admits that one of the few subjects about which he is competent to talk is the history of direct taxation ("les contributions directes") in Germany since this troubled year. Giraudoux relates the upkeep of a strong army to the amount of taxes the nation has to pay to maintain it.

71 libérer ces stalles réservées: literally 'to free these reserved seats'. Siegfried says that the desires, admiration and affection he must have experienced hold no place in his conscious mind. He has not yet dared to allow new experience to fill the gaps left by the old, which his loss of memory has hidden from him.

72 les filles du Rhin: the Rhine maidens, in Wagner's *Der Ring* *des Nibelungen* (see Appendix pp. 142–146). In Part IV of the *Ring*, *Götterdämmerung*, they also warn Siegfried of Hagen's treachery, using the three-note motif mentioned here.

74 **le premier protestant chassé de France par Louis XIV**: Louis XIV revoked the Edict of Nantes in 1685, which had authorized the practice of Protestantism, and in particular Calvinism, in France.

hussards de la mort: 'Hussars', light cavalry, originally Hungarian. Giraudoux himself seems to have added the description "de la mort", emphasizing the destructive purpose of all armies and the fact that Fontgeloy is proud to belong to this international death brigade.

75 **Loubet**: Émile Loubet (1838–1929), the seventh President of the French Republic.

Fallières: Armand Fallières (1841–1931) succeeded Loubet as President of the French Republic in 1906.

In giving the examples of the liberals Loubet and Fallières, Geneviève makes an ironical reply to Fontgeloy's accusations of French despotism and tyrrany. Fontgeloy's criticism is out of date.

ni l'Allemagne, . . . à un homme près: Geneviève asks, with irony, whether Siegfried is expected to die again, for he has already 'died' once during the war. Fontgeloy replies, with equal irony, that unfortunately in the light of the fact that millions of men died during the holocaust of the First World War, neither France nor Germany is in a position to show too many scruples concerning the death of an individual, whoever he may be.

76 **Dupont**: here used as the equivalent of the English Smith or Brown, the common private soldier. Fontgeloy, a fictitious character representing the aristocratic officer class, stresses the fact that French émigrés in the Prussian army are not restricted to the officer class but are also to be found amongst the rank and file. Here Giraudoux refers to his deep-felt belief that any European war is, in a sense, a civil war.

aristoloche: aristolochia. This is a type of climbing plant used in medicine to stimulate the discharge of urine. Geneviève is having a private joke at the expense of Fontgeloy; the play on words between *aristocrate* and *aristoloche* makes it clear that Geneviève considers the aristocracy to have something of the same qualities as the plant.

ma race . . . a bien été taillée sur ce mannequin d'énergie, d'audace: *mannequin* here refers to the model of the human form carved in wood which painters and sculptors often use for their work, and, of course, to the same wooden model of the human form used by tailors and couturiers in modelling clothing. The sculptress Geneviève tells Fontgeloy that, however different he now believes himself to be from the French, her artist's eye detects beneath his clothing that very form and those very characteristics upon which the French nation's greatness has been built; we are all, in fact, the same 'under the skin'.

77 **L'avancement au choix**: promotion on recommendation by superior officers.

de cocaïnomanes et de cubistes: *cocaïnomanes* are addicts of the drug cocaine, which is used as a local anaesthetic in medicine; its abuse leads to a state of morbidity in the taker. *Cubistes* = artists belonging to the school of Cubism which flourished particularly in Europe between about 1910 and 1930. Many of the followers of Cubism no doubt frequented bohemian circles in which the taking of the drug cocaine was fairly prevalent; but Giraudoux satirizes the typically philistine attitude of Ledinger who lumps together and fails to discriminate between drug addicts and artists subscribing to a serious and important art movement.

78 **Schlieffen**: Alfred Schlieffen (1833–1913), a Prussian soldier who, in 1891, became Chief of General Staff in the Army and held the position for fifteen years. He had a big influence upon the development of the modern German army, concentrating upon training in the use of technical equipment, and in particular developing the idea of a mobile heavy artillery. German leadership in the First World War was deeply influenced by his system.

Frédéric: a reference to Frederick II ('the Great') (1712–86), King of Prussia from 1740. Frederick gave power and influence to Prussia, uniting it and strengthening its army; Prussia's frontiers

I

were made safe against Russian invasion from the East. Frederick may be seen as the source of the rise of Prussian nationalism, laying the foundation for Prussia's later domination of the German states.

Louise: a reference to Marie-Louise (1791–1847), second wife of Napoleon I. Marie-Louise was the daughter of Francis I, Emperor of Austria. She was married to Napoleon in 1810 and the following year a son (Napoleon II) was born. In 1814, during his absence on military campaigns, Napoleon made her Regent of France. But after the first abdication of Napoleon on April 11th 1814, she went back to her father in Austria. There she stayed during Napoleon's period on Elba and she refused to leave her country, Austria, to return to France during the Hundred Days. After the death of Napoleon in 1821, Marie-Louise married the Count of Niepberg, and, after his death, the Count of Bombelles, a French émigré. Thus, as Ledinger suggests, Marie's return to her own nation, Austria, gave her excellent protection against her husband!

pêle-mêle, les grenadiers de Potsdam . . . nos juifs: Waldorf sneeringly refers to the lack of unity in a 'nation' composed of such disparate elements.

Société des Nations: the League of Nations, founded in 1919 and organized by the signatories of the Treaty of Versailles at the end of the First World War. Its aims were to develop co-operation between nations and to guarantee peace and security. At the end of the Second World War it was replaced by the United Nations Organization.

This ironical reference to the League of Nations, within a scene satirizing militarism, nationalism and students of the 'philosophy of war', illustrates well Giraudoux's awareness of the basic futility of the League's efforts to realize its ideals.

Nationalism (La Guerre, c'est la Nation), contempt for and abuse of the democratic principle, in which a small but influential war party is able to incite the whole nation to bellicose feelings and behaviour even in time of peace (La Guerre, c'est la Paix), and then, carrying the formulae to a natural conclusion, the downright acceptance of the belief that war is the natural, inevitable and desirable expression of man's condition (La Guerre est la Guerre), are all forces at work within the countries who are members of the League of Nations.

79 en épigraphe: 'as an epigraph'; quotation or reference coming at the beginning of a work and summarizing its content.

accorder les sous-pieds de hussards au Train des équipages: 'to give the Hussars' trouser straps over to the care of the Army Service Corps'. Giraudoux ridicules the old-fashioned and reactionary Fontgeloy who, in picturesque if ludicrous manner, laments the eclipse of the cavalry, and the form of warfare it represents, by the modern mobile armed forces.

Bismarck: Otto, Fürst von Bismarck-Schönhausen, Chancellor to King Wilhelm of Prussia, later Kaiser Wilhelm II (1815–98). Sacrificing all to *raison d'état*, using military strength as a means of first asserting Prussia's independence and then her predominance, Bismarck destroyed the power of Austria and united Germany under Prussian leadership.

81 les révolutions. Moscou, Pest, Munich: Europe from East to West is in a turmoil of revolution. Moscow: refers obviously to the Russian Revolution of 1917. Pest: Budapest, the capital of Hungary, built on both banks of the Danube; Buda on the right bank, Pest on the left. There was a brief period of Communist rule there in 1918–19, followed by Rumanian occupation, a period of violence and looting. Munich: after the First World War, Munich became the headquarters of Hitler's National Socialist Party, which had its offices in the 'Brown House'. As early as 1923 the National Socialist Party attempted to seize power in the 'Beer Hall' Putsch; the putsch failed.

Vous, votre calme, votre simplicité sont question: 'You, your serenity, your simplicity are all a question mark'. Geneviève puzzles and disturbs Siegfried, causes him to question his present position and attitudes which up till now he has so confidently accepted.

82 Goethe: (1749–1832), author of *Werther, Iphigenie, Faust, Egmont, Wilhelm Meisters Lehrjahre* etc.; a fine scholar, great thinker and possessor of a fertile imagination, Goethe was able to master a wide variety of literary techniques and genres.

Mignon: the illegitimate daughter of the harper in Goethe's novel *Wilhelm Meisters Lehrjahre*, she sings wistful songs to her father's accompaniment.

Hélène: Helen of Troy in Part Two of Goethe's *Faust*. Siegfried says that the word *ravissant* conjures up for him equally well the flesh of Mignon beneath her rags and the flesh of Helen beneath her regal apparel.

83 **ses impulsions journalières**: literally 'its daily impulses'. Muck reports that Siegfried has said, in his speech, that Germany's trouble has arisen from its tendency to act rashly and unthinkingly upon the whim of the moment, without considering carefully whether its behaviour reflects the real character of the country or corresponds to its real needs.

84 **je l'ai vu confondre le manteau de l'avenir et le manteau du passé**: 'I saw him grow confused between the cloak concealing his past and the cloak concealing his future.' Although the future is not known to Siegfried, in this moment he looked forward to it with happiness, a happiness akin to that which Muck believes Siegfried to have experienced in his past, now concealed from him because of his loss of memory.

86 **partir en beauté**: 'to make a grand exit'.

vos affiches sur les centimes additionels: 'your posters announcing increases in local taxation'.

la colle: (*familiar*) 'lies'.

Morgan Rockfeller: a reference to the American banker John Pierpoint Morgan, and to the American capitalist family, the Rockefellers.

Morgan (1867–1943) was head of an enormous associated banking company—J. P. Morgan and Co.—with houses in Philadelphia, London and Paris. In the First World War he organized the Bankers' syndicate enabling Britain and France to purchase foodstuffs and munitions by arranging huge loans. Between 1917 and 1926 he arranged loans to many European countries, including Germany, weakened and insolvent after the ruinous expense of the war. In 1922, in Paris, Morgan served on the Committee of Bankers whose report outlined the essentials of the German reparations problem. Rockefeller, the American family of immense wealth and with extensive business interests throughout the world, is famous for its benefactions: money in aid of health, education etc. In 1913 the Rockefeller Foundation established the principles upon which this work of international philanthropy was to be carried out.

Giraudoux implies, through Zelten, that the fate of Germany now depends upon foreign financial and economic interests. Financial loans and gifts have only been obtained at the price of loss of independence.

Stinnes: (1870–1924), a German industrialist. Concerned mainly with coal before 1914, he was the principal organizer of the German economy during the First World War. In 1920 he entered the Reichstag as a member of the German People's Party. This party was hostile to the Treaty of Versailles, but showed more flexibility than the Nationalist Party and, aided by the political acumen of Stresemann, the German Foreign Minister from 1923, was always prepared to negotiate with other Western powers in the interests of the German economy.

Giraudoux suggests that when presented with a choice between preserving the Germany for which Zelten stands and safeguarding the economic situation, Stinnes will not hesitate to sacrifice Zelten.

provoquons hausse mark: 'we will bring about an increase in the price of the German mark'. Because Germany was insolvent and economically weak at the end of the war, the value of the mark on the international market was very low; thus foreign investors, so essential to the German economy, were able to invest money in Germany at very favourable rates of exchange. An increase in the price of the mark, artificially induced, would be an effective means of dissuading foreign investors from putting their money into the German economy.

Canossa: the French expression *aller à Canossa* means 'to apologize humbly to someone with whom you have been in disagreement'. The expression has its source in the quarrel between Pope Gregory VII and the Emperor Heinrich IV. The Pope and the Emperor were concerned in a bitter quarrel concerning the conferment of ecclesiastical titles (*La Querelle des Investitures*), and, in 1077, at Canossa, a castle in Italy, Heinrich was forced to eat humble pie and apologize to the Pope.

87 faire un constat: a *constat* is an affidavit, or damaging report made by a process-server. The two generals look like *huissiers* who have come to take down details of Zelten's "flagrant délit".

Œdipe: Œdipus, the central figure of the Theban saga in Greek literature. Œdipus unwittingly killed his father Laius and married his mother Jocasta.

88 Les deux corbeaux: a reference to Wagner's *Götterdämmerung*; two ravens appear and hover over Siegfried just before Hagen kills him.

Je suis dans un mauvais jour: 'It is the wrong moment for me to speak; no one is interested in what I have to say.'

91 du Touring: *i.e.* Le Touring Club, an association founded in France in 1890 to develop tourism. Giraudoux refers to the benches which such organizations tend to place in positions which will allow the tourist to rest and enjoy the view at the same time.

92 un forfait général: 'a general contract'; *i.e.* for lessons in both German and music.

93 Sedan: a town in north-east France. At the Battle of Sedan, fought on September 1st 1870 during the Franco-Prussian War, in which the Germans defeated the French, 9,000 Germans and 17,000 French were killed.

Sadowa: a village in Bohemia; one of the most hotly contested Prussian positions in the decisive battle of July 3rd 1866 in the 'Seven Weeks War', in which Prussia fought Austria, Bavaria, Saxony, Hanover and other small German states, and defeated them. Each side had roughly half a million men in the field; this was probably the largest military encounter ever until the First World War.

94 poisson à sec: literally 'dried up fish'; perhaps well rendered here by 'landed fish' or even 'fish out of water'.

95 ménager mes effets: a theatrical term meaning 'to organize one's material (element of surprise, timing, dramatic tension etc.)', in a way which will achieve the maximum effect.

99 Lui ne croit pas que tu t'es réintégré secrètement et par

atomes à la nation: Geneviève says that Siegfried's dog does not believe that he is dead, that his corpse, by the natural process, has decomposed and become part of the soil of his native land.

100 **tu ne te débarrasseras pas plus qu'un arbre . . . autour de toi**: 'you will be no more able to escape from the influence which these seven years in Germany have had upon you than a tree is able to get rid of the rings ingrained in its trunk'. One is able to estimate the age of a tree by counting the rings which form in its trunk. Éva claims that Siegfried's seven years in Germany have been his formative period, that without them he does not exist.

101 **Bastia**: the largest city in Corsica.

sur place: 'on the spot'; in this context 'in that town' or simply 'there'.

retraite hors classe: 'retirement on maximum pension'. This refers to the system of retirement pension graded according to the length of service. But the comparatively young Pietri, having had the good fortune to help Gambetta's mother across the track (see below), will obviously get the maximum possible whatever his age and however short his service.

Gambetta: Léon Gambetta (1838–82), French statesman.

il passe au choix: 'he is always first choice' (for promotion).

102 **Carmaux**: a town in southern France in the Department of Tarn, important for its glassworks as well as its coalmining.

103 **Je sais que le réseau . . . l'administration allemande**: Pietri, 'used to the old ways', deplores the new-fangled machines resulting from co-operation between the French and German railway authorities; "le réseau", as well as probably referring to the French railway system, may also here have the meaning of *un réseau d'intrigues*, 'a network of intrigue'; "l'union des droites" seems to refer to a union of the right wing political parties. In highly melodramatic manner, Pietri paints a picture of the German administration, the French railway authorities and the right wing politicians conspiring to deprive him and his colleagues of the conditions in which they like to work.

brigadier de douanes: the organization of the French Customs is on a military basis. To become a brigadier in the Customs 'army', Giraudoux implies with gentle and indulgent humour, is the dream of every recruit.

104 boulettes de mie de pain au cumin: rissoles covered in crumbs of caraway seed bread.

deux mécanos complets: 'two complete Meccano sets'. Giraudoux's spelling of this word in an unusual one; it is usually spelt 'meccano', as in English.

107 la phosphatine: trade name of a French baby food, rather similar to the English 'Farex'.

108 faire alternativement les extras d'un pilote invisible et silencieux: to take their turn at keeping France running smoothly by carrying out their tasks quietly and inconspicuously.

109 dans le feu d'un bazar de luxe: Siegfried's reply to Ledinger is, of course, ironical. He suggests perhaps that the generals wish to stage his death in a style similar to the disappearing tricks etc. often performed in market places and bazaars; a false and shoddy trick beneath a garishly sumptuous exterior.

110 un monument en pied: 'a full length statue'.

113 Louis Blanc: (1811–82), a French radical Socialist politician and historian.

114 il régnait une allure des vents, une ronde des reflets: loosely translated: 'gentle breezes blew and the countryside reflected the soft moonlight'.

Bayard: (1473–1524), a French nobleman and famous soldier. His bravery, nobility and chivalry, displayed whilst fighting gloriously in the armies of Charles VII, Louis XII and François I, won him the name of *chevalier sans peur et sans reproche*.

APPENDIX

The Siegfried myth

The original German version of the story of Siegfried, the great Middle High German epic *Das Nibelungenlied* ('the song of the Nibelung people'), dates from about 1210. Its author or authors remain unknown, the epic being composed of episodes and adventures intended to be sung or recited, and recorded in written form only during or after its oral performance. The myth is of Scandinavian origin, and Siegfried is the son of Siegmund and Sieglinde, King and Queen of the Netherlands.

The *Nibelungenlied* is in two parts. Siegfried is the hero of Part One, which ends in his death. Siegfried, a young warrior of peerless strength and beauty, invulnerable except in one spot between his shoulder blades, defeats the people of Nibelungenland, ruled by the mythical King Nibelung, and takes from them the precious Hoard, an immense treasure of gold and precious stones. Arriving at the court of Gunther, King of Burgundy, Siegfried helps the king to win a battle, and also to woo and win Brunhild. Gunther, grateful for these services, allows Siegfried to pay court to and marry his daughter, the beautiful Kriemhild. Some ten years later Siegfried and Kriemhild are invited to a feast at Worms. The two queens, Brunhild and Kriemhild, quarrel, and to avenge Brunhild, the treacherous Dane Hagen, knowing of Siegfried's vulnerable spot, slays him. Hagen then steals the precious Hoard from Kriemhild and, in league with Gunther, throws it into the Rhine in order to place it in safe keeping for their later enjoyment. Part One ends on this note of treachery, violence and plunder.

Part Two, the story of Kriemhild's revenge on Gunther and Hagen, and of her own death, continues in the same vein. Some thirteen years have elapsed since the death of Siegfried. Kriemhild, having married King Etzel, invites Hagen and Gunther to a feast; although they come armed, Kriemhild is able to have Gunther slain and she herself cuts off Hagen's head. But one of Etzel's knights, Hildebrand, in sympathy with Gunther and Hagen, slays Kriemhild in her turn.

Full of episodes of beauty, adventure and sometimes humour, the *Nibelungenlied* is, nevertheless, fundamentally a story of sexual jealousies, violence, power politics and economic plunder.

A student of German literature, Giraudoux may well have been familiar with the Middle High German epic, but it is certain that he was acquainted with *Der Ring des Nibelungen*, the cyclic treatment of the story by Wagner, the nineteenth-century German dramatic composer. Wagner's *Ring*, in four separate operas, *Das Rheingold, Die Walküre, Siegfried* and *Götterdämmerung*, is a combination of historical, mythological and symbolical interpretations of the German epic. Wagner's operatic cycle, based upon the *Nibelungenlied* but introducing motives from other sagas, tells of the tragic love of Siegmund and Sieglinde, the parents of Siegfried, and of Siegfried himself and Brünnhilde, daughter of the god Wotan, and of the struggle for possession of the treasure, a struggle which, as well as leading to the death of the two couples, brings about the destruction of Valhalla, the fortress of the gods. The plot is most complicated and any attempt to outline it does scant justice to the work.

The Rhinegold, the first part, tells of Wotan's desire to build a dwelling place for the gods, a secure and sumptuous stronghold from which he may wield his power. He therefore contracts with the giants Fasolt and Fafner to build Valhalla. Until Wotan is able to pay his debt to the giants he leaves Freia, the goddess of youth, with them as security. Wotan decides to steal the Gold from the Rhinemaidens who are guarding it, as a means of paying his debt. But the cunning dwarf Alberich, one of the race of the Nibelungs, has already stolen it; for the flirtatious Rhinemaidens foolishly told him one day that a Ring, woven from the gold in the treasure, would secure for the possessor limitless power and control over the world's wealth. But the holder must renounce love as a condition of his power. Alberich accepts to do so. Wotan seeks out Alberich and tricks him into surrendering the treasure, at which the dwarf is so furious that he puts a curse upon the Ring; murder shall follow it and it will enslave and consume its owner. Wotan gives the complete treasure, including the Ring and a helmet of invisibility called the Tarnhelm, to the giants; the curse is immediately fulfilled for the giants quarrel and Fasolt is killed. Fafner assumes the form of a dragon and starts to guard his treasure.

The second part, *The Valkyrie*, is the story of Siegmund and Sieglinde, and of Wotan's punishment of his daughter Brünnhilde because of her defiance of his wishes. Wotan, fearing that Alberich will attempt to regain the treasure and thus destroy the gods, decides to beget a hero who will unwittingly win the treasure back for him. Meanwhile he begets nine daughters by Erda, the Earth goddess, and they are known as the Valkyries. Of these daughters, Brünnhilde is his favourite. He also rears a race of mortals, the Volsungs, and one of these, Siegmund, he intends to be the hero who will regain the Ring for him. Siegmund and his sister Sieglinde are unaware of the identity of their father, knowing him only as Wolfe. Sieglinde is taken away to become the bride of Hunding and Siegmund is left alone and friendless. Some time later, Siegmund, wandering alone and exhausted in the forest, comes upon Hunding's hut. Hunding is absent, but his wife Sieglinde takes Siegmund in and tends to him. Not recognizing one another as brother and sister, Siegmund and Sieglinde fall in love. Hunding returns and notices the strong resemblance between his wife and the stranger. He offers Siegmund a night's hospitality. Sieglinde gives Hunding a sleeping draught and escapes into the forest with Siegmund. The next day Hunding, furious, pursues Siegmund and and Sieglinde who flee from him, and Wotan, learning of the battle which is to take place between the two men, tells his daughter Brünnhilde to hasten to the scene of battle in order to aid Siegmund. But Fricka, the goddess of the sanctity of marriage, points out to Wotan that Siegmund and Sieglinde have committed adultery and also, however unwittingly, incest; she therefore demands the death of Siegmund. Wotan greatly wishes Siegmund to live, as he has chosen him to regain the treasure but, filled with gloom and foreboding at the threatened destruction of the gods, woefully agrees to Siegmund's death. He therefore orders Brünnhilde to tell Siegmund that he is doomed and must accompany her to Valhalla. It is the task of the Valkyries to conduct dead mortal heroes to Valhalla where they are charged with defending the stronghold of the gods. But Siegmund refuses, preferring to stay with his beloved Sieglinde. Brünnhilde is deeply moved and, in defiance of Wotan's orders, says that they might live. But Hunding, aided reluctantly by Wotan, who is duty bound to ensure the death of his own protégé, slays Siegmund, and the anger of Wotan turns upon his disobedient daughter. On seeing

Siegmund dead, Sieglinde longs also to die but Brünnhilde, recalling her duty to the child she is to bear, sends her into the forest to be protected by Fafner, having first given to her Siegmund's sword, splintered by Wotan as he fought with Hunding. Wotan sentences Brünnhilde to lie in slumber on a rock; the first mortal to find her will despoil her of her godhood and she shall become his wife, compelled to obey him.

The third part, *Siegfried*, is the story of Siegfried's obtaining of the treasure and of his love for Brünnhilde. Siegfried is raised by Mime the dwarf, brother of Alberich. Mime sees that he may use the powerful and fearless Siegfried to obtain the treasure for him. He therefore gets Siegfried to recast the splintered sword of Siegmund, given to him by Sieglinde. With this sword Siegfried slays the dragon, Fafner, who possesses the treasure. As he dies Fafner warns Siegfried of the curse, but Siegfried pays no heed. He realizes, however, that Mime hates him and has only used him as a means of obtaining the Ring. He therefore slays the dwarf and keeps the treasure himself. Siegfried, in possession of the Ring and the Tarnhelm, finds Brünnhilde and as he kisses her, she awakes. They fall in love.

The final part, *The Twilight of the Gods*, in which the curse is fulfilled, tells of the death of Siegfried and Brünnhilde and of the destruction of Valhalla. Brünnhilde is now mortal and willingly bound in love to her hero husband. They exchange gifts, she giving him the steed she rode when still one of the Valkyries, he giving her the Ring. The scene changes to the court of Gunther, king of the Gibichungs. There with the king are his sister, Gutrune, and his half-brother Hagen, the son of Alberich. Hagen plots to arrange the marriage of Siegfried to Gutrune and of Gunther to Brünnhilde, who is wearing the Ring. He therefore plans to use Siegfried as a means of bringing Brünnhilde to the court. In doing this, he also makes possible the marriage of Gunther to Brünnhilde by tricking Siegfried into drinking a potion which causes him to forget Brünnhilde and his love for her. Siegfried, having assumed Gunther's form with the aid of the Tarnhelm, goes to Brünnhilde and, not recognizing her as his own wife, tears the Ring from her finger and claims her as Gunther's bride. When Brünnhilde arrives at Gunther's court and understands what has happened, she accuses Siegfried of treachery. The Rhine-maidens warn Siegfried, now holding the Ring, of the fate in store for those who possess it, but he ignores them. Hagen, seizing his opportunity when Siegfried's back is turned, plunges a spear into him. Siegfried's memory returns and as he dies he greets Brünnhilde, renewing his vow of love for her. Siegfried's body is placed upon a funeral pyre and as it burns Brünnhilde plunges to her death in the flames. The Rhinemaidens come to reclaim the treasure and, seizing the Ring from Hagen, destroy the treacherous murderer. The flames spread from the funeral pyre to the gates of Valhalla and the fortress of the gods is consumed.

Reduced to its bare essentials, Wagner's account of the quest for the Ring and the treasure is then, like the story of the Nibelung Hoard upon which it is based, a tale of violence, deceit and treachery, in which both man's and the gods' lust for power and wealth lead to the destruction of the worlds they have created. It is predominantly a pessimistic view of man's fate, in which the hero Siegfried, striving to attain mortal peace and happiness through his love for Brünnhilde, is destroyed: a destruction which entails the self-sacrifice of Brünnhilde who, welcoming her loss of divine status and her rebirth as mortal woman, comes to personify the hope of man's redemption through human love. This hope is dashed because Siegfried himself, through his very nature and the circumstances of his creation, is irremediably involved in the ambitions of Wotan, the god, and of the baser element in man. He is no more the inheritor of the ideal engendered in the love between his parents, Siegmund and Sieglinde, than he is of the lust for power and wealth, the warring tendencies and the egoism inherent in both god and man. If, in his love for Brünnhilde, he promises to fulfil the self aspiring to the ideal of love and to renounce the darker element in man, thus achieving his own and mankind's redemption, he is incapable of doing so, for the forces which conspire against him, both within his own nature and outside it, are too powerful a foe and finally triumph.

Yet to dwell exclusively upon the pessimistic outcome of the *Ring*, and, above all, to treat the dramatic quality of the work as unrelated to the musical quality, is to neglect the differing levels of intensity of expression in the dramatic composer's cycle. Wagner saw his artist's task as the complete fusion of the dramatic and the musical content of his work. Each principal character, each mood, be it of violence, of treachery, of destruction, or of love, is identified with a particular musical theme or series of themes. Throughout the cycle love scenes between Siegmund and Sieglinde, and between Siegfried and Brünn- hilde are identified with one particular lyrical theme of great beauty. As the final curtain falls upon *Götterdämmerung*, when the flames which have consumed Siegfried and Brünnhilde are engulfing Valhalla, this theme, associated throughout with man's aspiration towards redemption through love, sounds softly in the orchestra. Whilst in no way altering Wagner's fundamentally tragic view of the nature and destiny of man, the intense impact of this love theme throughout the *Ring* and its final emergence to sound above the music accompanying the destruction of Siegfried, Brünnhilde and Valhalla, assert the reality of the power and beauty of human love and man's need to aspire to it amidst the chaos of creation.